LA ARTICULACIÓN NECESARIA

Docencia e investigación en las
Facultades de Derecho

José Orler

LA ARTICULACIÓN NECESARIA

Docencia e investigación en las Facultades de Derecho

Orler, José
   La articulacion necesaria : docencia e investigación en las Facultades de Derecho / José Orler. - 1a ed . - Ciudad Autónoma de Buenos Aires : Prometeo Libros, 2019.
   150 p. ; 23 x 16 cm.

   1. Teoría General del Derecho. 2. Filosofía del Derecho. I. Título.
   CDD 340.1

Diagramación: Yanina Pérez
Corrección de galeras: Luciana Cicerone

© De esta edición, Prometeo Libros, 2019
Pringles 521 (C1183AEI), Buenos Aires, Argentina
Tel.: (54-11) 4862-6794 / Fax: (54-11) 4864-3297
editorial@treintadiez.com
www.prometeoeditorial.com

Hecho el depósito que marca la Ley 11.723
Prohibida su reproducción total o parcial
Derechos reservados

ÍNDICE

Prólogo 9

Introducción 15

Primera Parte 23

Capítulo I
La Universidad en perspectiva en el centenario de la Reforma Universitaria 25
1. La Universidad de la Reforma: cogobernada y autónoma 25
2. La Universidad de la contrarreforma 35
3. La ciencia en la universidad 40

Capítulo II
Las políticas institucionales de *articulación*: mayores dedicaciones y programa de incentivos 45
1. Tipos de articulación 45
3. Políticas institucionales de articulación 55
3. Mayores Dedicaciones y Programa de Incentivos en la Universidad Nacional de La Plata y la Universidad de Buenos Aires. 78

Segunda Parte 83

Capitulo III
Especificidades del campo del Derecho: análisis crítico 85
1. Lo disciplinar y lo institucional en las Facultades de Derecho 85
2. Las Facultades de Derecho de la UNLP y de la UBA 95

   3. Perfil de los docentes de Derecho..99
   *4. La investigación en la Facultad de Ciencias Jurídicas
y Sociales de la UNLP*.. 108
   5. La investigación en la Facultad de Derecho de la UBA............................. 114

Capítulo IV
Las políticas articuladoras en el campo del Derecho 121

   *1. La articulación docencia-investigación en la Facultad de
Ciencias Jurídicas y Sociales de la UNLP* 121
   *2. La articulación docencia-investigación en la Facultad de
Derecho de la UBA*... 125

Final 129

Bibliografía 135

Prólogo

Prologar el interesantísimo libro de Jose Orler titulado *La Articulación Necesaria. Docencia e Investigación en las Facultades de Derecho*, me retrotrajo al trascendente campo académico norteamericano a comienzos de la década de los 90, liderado por la producción de la Fundación Carnegie (*The Carnegie Foundation for The Advancement of Teaching*) y su repercusión en la profesión universitaria. Esta afirmación invita a que las subjetividades lectoras realicen un desplazamiento desde dicha década con sus políticas de reformas de la educación superior neoliberales -puestas en marcha en diversos países de la región y otros países europeos post socialistas, además de la Argentina-, hacia un escenario cuestionador e innovador promovido por la obra de Burton Clark (1990)[1] y Ernest Boyer[2] (1990) orientada hacia la reflexión crítica de la misión del profesorado universitario norteamericano.

Develaremos más adelante el sentido Boyerista-clarkiano que el título y el objeto de este libro presentan, por ahora nos detenemos en el análisis de la necesidad de la articulación entre docencia e investigación, o dicho en modo Orler: *La Articulación Necesaria*.

¿Qué relación guarda el título de esta obra con el paradigma fundante de la universidad argentina de la Reforma Universitaria de 1918 aludido por innumerables intelectuales, profesores e investigadores universitarios durante la reciente conmemoración de su centenario? ¿Resulta realmente necesaria dicha articulación si nos preguntamos sobre la naturaleza de la universidad argentina, sobre sus misiones o funciones sociales prioritarias? Obviamente estos interrogantes configuran una suerte de mapa orientador del libro y sus respuestas atraviesan el entramado de sus Cuatro capítulos. Sin embargo, creo que el aporte más novedoso de esta obra, radica en la búsqueda incesante

---

[1] Clark, Burton (1990) *The Academic Life. Small worlds, different worlds*, The Carnegie Foundation of Advancement of Teaching, Princeton, New Jersey
[2] Boyer, Ernest (1990) *Scholarship Reconsidered. Priorities of the Professoriate,* The Carnegie Foundation of Advancement of Teaching, Princeton, New Jersey

que el autor realiza entre la dominante profesionalización que orienta a la enseñanza en las facultades de Derecho de las universidades de La Plata y la de Buenos Aires y la deseada e intermitente "articulación necesaria" entre docencia e investigación. El problema objeto de este estudio, resulta constitutivo de las reflexiones y debates de los intelectuales reformistas y sobre todo de los estudiosos e investigadores de la historia de las universidades del mundo. Una universidad, la europea, dio origen al modelo que se expandió durante el siglo XX en otros espacios geográficos que refiere a la unidad indisoluble entre "cátedra", instituto e investigación. El profesor investigador era lo que definía a la universidad como el lugar de la investigación y al investigador como profesor. Es decir, una práctica (la de investigar) configura al practicante (el que enseña, el profesor) y a su vez el profesor resignifica la enseñanza con la práctica de descubrimiento que deviene de la investigación. Esta fórmula tenía impacto directo en la conceptualización del alumno que participaba en ese particular contexto pedagógico de descubrimiento sin apegos a fórmulas repetitivas, herederas de la dura tradición medieval.

El reformismo resultó pionero en América Latina denunciando el vetusto modelo pedagógico que desatendía el protagonismo del estudiante y sus habilidades en juego en el proceso de aprender. Entre sus estrategias transformadoras, se puede hacer referencia a las innovaciones producidas por la implementación de dos dispositivos pedagógicos: las monografías y los seminarios. En *La Universidad Nueva*, Alfredo Palacios describe las primeras experiencias de los seminarios en la Facultad de Ciencias Económicas de la Universidad de Buenos Aires, donde participó Emilio Ravignani como director de los mismos en 1917; también describe la implementación de los seminarios en la Facultad de Derecho de la Universidad de La Plata bajo la dirección de Raúl Prebisch en 1922. Como sabemos, la crítica a la universidad oligárquica se orientó, fuertemente, hacia aspectos clave de la pedagogía universitaria que aspiraban dejar atrás: las clases magistrales repetitivas de conocimientos obsoletos, el sistema de exámenes y la enseñanza que promovía el modelo de universidad como "fábrica de títulos". Esta oferta de los llamados "seminarios" promovieron la iniciación temprana en la investigación, por medio de monografías que iban a ser el producto de la nueva relación entre el alumno y el profesor-investigador con el conocimiento científico.

Orler con avidez histórica, bucea la huella fundante y se encuentra con cierta memoria documental de protagonistas del '18 y sus sucesores, cuyas voces anticiparon las innovaciones formativas más representativas del siglo XX en los escenarios universitarios seleccionados por el autor.

El libro se divide en dos partes. La Primera Parte, introduce la problemática y luego se presentan dos capítulos. El primer Capítulo focaliza el tema de la universidad en perspectiva del centenario de la Reforma, haciendo particular referencia al cogobierno y la autonomía. Luego describe la llamada "universidad de la contra reforma" del período caracterizado por las políticas neoliberales, y finalmente culmina con un apartado sobre la presencia de la ciencia en la universidad. En el segundo Capítulo, devela las políticas institucionales de articulación asociadas con dos indicadores clave para el desarrollo y mantenimiento de las mismas, en ambos casos. Por un lado, las mayores dedicaciones y por el otro, el programa de incentivos en las facultades de Derecho de la UNLP y de la UBA. A mi modo de ver, en este capítulo se encuentra el nudo conceptual que permite amarrar el problema de la articulación docencia e investigación a la luz de dos tipos originales de categorías: la "articulación de integración" y la "articulación de distinción". Ambas categorías ponen de manifiesto los vaivenes de la débil articulación en un escenario que desalienta las innovaciones pedagógico-científicas ante la supervivencia conservadora del modelo profesionalizante que aísla el contexto de descubrimiento de la práctica de la enseñanza en las carreras de Derecho.

La Segunda Parte nos adentra en la especificidad del campo del Derecho desde una perspectiva crítica. Jose Orler recupera un andamiaje teórico actualizado y pertinente, propio del campo de la educación superior comparada y sus referencias internacionales develan su formación integral. En el Capítulo Tercero analiza el contenido en función de dos dimensiones Clarkianas -lo disciplinar y lo institucional-, con sus respectivas referencias empíricas y finalmente, aborda el problema de la investigación en ambas facultades. El Capítulo Cuatro abre la reflexión sobre las políticas articuladoras en el campo del Derecho para describir con profundidad, las tensiones y dinámicas propias de cada caso seleccionado.

En las conclusiones, acopia las dimensiones fácticas y las pone en diálogo con categorías teóricas, refiriendo a la profesión académica en el campo del Derecho desde una lógica actual y renovadora que le permite interpretar nuevas configuraciones que lo llevan a la descripción de nuevas incertidumbres.

La irrupción de la ciencia en el campo profesionalizante del Derecho

La escritura de Jose Orler interpela a los lectores desde un conjunto de habilidades multidisciplinares, con acentos del campo disciplinar sociológico que excede los vericuetos formalistas del discurso dominante de los abogados y anima al autor a recurrir a la historia de las ideas y a la manipulación de documentos institucionales como memorias, programas, resoluciones etc., todos ellos dispositivos de producción académica que enriquecen la estructura del libro y lo cargan de sentido. Otro mérito de Orler, es la ordenación metodológica de los contenidos a la luz de algunas dimensiones o tensiones, que están presentes en las crisis de identidad por la que atraviesan los actores universitarios actualmente. Desde este punto de vista, busca clasificar la *articulación necesaria* en torno a dos dimensiones "integracionista" y "de distinción" generadas en el campo fáctico del conjunto de informantes y entrevistados.

Precisamente, a partir del enunciado de su clasificación, viene a colación la explicación del modelo crítico del quehacer académico -traducción personal que me permite desenmarañar la complejidad del concepto anglosajón *scholarship*- propuesto por Ernest Boyer al que hicimos referencia al comienzo. Este autor proclama la superación del quehacer académico tradicional, revisitando y fusionando cuatro tipos de modelos profesorales y de investigación que dominan la enseñanza universitaria, aisladamente. En primer lugar, critica el modelo de "descubrimiento" que caracteriza a las prácticas docentes de investigación tradicional. Boyer advierte sobre la dominancia de esta actividad en las universidades conservadoras de investigación, sin embargo, peticiona la ampliación de la función investigación a otras demandas que no provengan del *campus universitario*, debiendo incluir los desafíos sociales, ambientales y de la vida cotidiana. De este modo, el autor declara que es necesario redefinir el concepto "quehacer académico" a la luz de cuatro categorías que se corresponden con tipos de enseñanza profesoral: a) la formación por *descubrimiento*, que corresponde a la enseñanza de la investigación básica o pura (basic reasearch); b) la formación por *integración* que refiere a los procesos de síntesis de la información intra e inter disciplinares, a través del tiempo y de sus fronteras; c) la formación *aplicada* también llamada "comprometida" que trasciende la expertisia académica aislada, e intenta establecer puentes con los requerimientos de otros sectores (parecida a la función de extensión universitaria), y por último d) la formación por *procesos de enseñanza y aprendizaje* (*teaching and learning*) que radica en la aplicación de evaluaciones e interacciones conjuntas entre ambos procesos -incluso externos- volviendo participativo y comprometido al modelo de enseñanza-aprendizaje.

En suma, una de las fortalezas de esta obra (que tiene su origen en la Tesis de doctorado del autor que seguramente satisface las cuatro categorías formativas aludidas) refiere a su capacidad de producir conocimiento, entramando paradigmas y discursos, actores y comunidades, necesidades y requerimientos. En este complejo proceso, Jose Orler favoreció el entorno de descubrimiento comprometido del que nos habla Ernest Boyer para enaltecer la profesión académica y sacarla del *statu quo* que las facultades de Derecho parecen haber priorizado como misión formadora. El siguiente párrafo constituye un ejemplo de ello:

> "Sin lugar a dudas, la irrupción de la ciencia en la universidad viene constituyendo en todos los campo disciplinares –por supuesto con particularidades y diferenciaciones en cada uno–, y el Derecho no es la excepción, un proceso de transformación de los discursos y prácticas, y con ello una renovación del capital simbólico con nuevos contenidos y fórmulas de acumulación, con nuevos pares de valores enfrentados y nuevos modos de encumbramiento, que deviene entre otras cosas, revisión del sistema de méritos y reasignación de jerarquías, y con ello alteración de las correlaciones de fuerza y de los términos de disputas –especialmente en torno a la distribución de recursos materiales: espacios físicos, equipamiento, financiamiento– al interior de la comunidad académica"

Marcela Mollis

Profesora de Historia Social de la Educación, Facultad de Filosofía y Letras de la UBA

17 de febrero de 2019

*"Considerar el derecho como un elemento de conservación
y afianzamiento de situaciones adquiridas,
a la manera de los juristas
que tienen la superstición de la ley
porque creen que el Derecho es la ley escrita,
me parece absurdo"*

("El Nuevo Derecho", Alfredo Palacios, Decano de la Facultad de Ciencias Jurídicas y Sociales de la UNLP, 1922-1925; y Decano de la Facultad de Derecho de la UBA, 1930)

Introducción

La articulación docencia - investigación: interrogantes iniciales

La *articulación* de las prácticas académicas en el campo del Derecho la docencia y la investigación y sus tradiciones institucionales, requieren de discusión crítica, configurando tópicos que deben ser identificados, expuestos y revisados.

Ponemos el énfasis en la relación *articulación* que se establece entre las tareas de enseñanza e investigación, producción y reproducción de conocimiento, que constituyen a la institución Universidad y a las Facultades de Derecho como consecuencia de las políticas educativas desplegadas en distintos niveles, del modo en que el campo disciplinar específico y sus instituciones concretas logran apropiárselas, y de la forma en que los agentes académicos las asumen y hacen operativas en sus prácticas cotidianas.

Se trata de una construcción teórica de nuestro objeto de estudio expresado en forma de relación *articulación* cuyo punto de partida y esencial disparador es el constitutivo carácter que le aporta el campo disciplinar del Derecho a la misma, con su conformación multiparadigmática, su difusa y reñida delimitación ontológica, sus divergencias teóricas y epistemológicas, sus particulares prácticas académicas y profesionales, y su tradición "profesionalista".

> "...*Podemos afirmar que las declamaciones acerca de la necesidad de que los profesores se hallen en condiciones de articular docencia e investigación y que tal articulación constituya el nódulo central del fenómeno educativo forman parte incuestionable del actual discurso imperante en nuestras instituciones de formación universitaria. Sin embargo, demasiados hilos se deshilvanan de lo dicho. Tales consensos operan a esta altura de las circunstancias apenas como módicos puntos de partida. Los interrogantes aún son muchos y uno de ellos ocupa los desvelos de la*

comunidad académica, y la nuestra de modo particular: ¿cómo debe instrumentarse tal articulación?..." (Orler, 2009, pág. 136).

¿De qué modo asumen los actores y las instituciones académicas la *articulación* entre docencia e investigación?, ¿de qué modo ocurren y concurren esas dos actividades centrales de la universidad actual?, ¿cómo se relacionan se añaden, se enriquecen, se complementan, se superponen, se oponen, compiten y se tensan?, ¿cuáles han sido sus conformaciones históricas y qué tradiciones las informan?, ¿qué contornos toma la articulación de ambas en relación —siempre ardua y compleja— con las políticas educativas?, constituyen interrogantes vertebradores de nuestro objeto de estudio, que complementan su despliegue distintivo en referencia al específico campo disciplinar:¿de qué modo todo esto se verifica en el particular campo del Derecho?.

Interrogantes que deben explorarse, sin dejar de considerar la esencial asimetría entre los términos de la relación enunciada, establecida entre prácticas docentes tradicionalmente constitutivas, conformadas y desarrolladas en las propias instituciones de educación superior y al amparo de su transcurrir histórico, y unas prácticas de investigación que no encuentran su tradición universitaria sino a partir del siglo XIX —en nuestro país recién entrado el siglo XX, con las particularidades y limitaciones que iremos analizando—, que hacen de estas últimas un conglomerado novedoso y en construcción que se proyecta a las propias instituciones, características que en el campo del Derecho multiplican su significancia, dada la impronta especialmente "profesionalista" del mismo.

El nuevo paradigma de producción de conocimiento, que irrumpe con sus postulados y disputas teóricas en el siglo pasado y hasta la actualidad viene intentando consolidarse en experiencias institucionales concretas, deviene trascendente y avanza en consenso generalizado obligando a replantear la propia idea de universidad, de las prácticas académicas que en su seno tienen lugar y de las relaciones que con la sociedad y el estado la misma articula, proyectando hacia el futuro nuevas peripecias y nuevos desafíos, que al interior de las Facultades de Derecho deben desde ya incorporarse a la agenda más actualizada.

El presente constituye un aporte en ese sentido, en un recorrido que proponemos, con pretensiones comprensivistas, revisando críticamente aspectos relativos a los presupuestos, contextos y relaciones que dicha *articulación* implica para el campo disciplinar específico y para el nivel institucional en las Facultades que seleccionamos para observar.

Ello debiendo tenerse presente además, que a las dimensiones mencionadas debe agregarse la subjetiva, puesta en juego por los agentes académicos docentes, estudiantes, graduados, no docentes que de forma permanente resignifican los mandatos institucionales, en complejas interacciones que generan disímiles pero mutuamente determinantes ajustes y desajustes con relación a las políticas educativas promovidas desde el Estado Nacional, y también con relación a las emanadas de los distintos niveles del propio sistema de Educación Superior que se expresan, y en el tema que nos ocupa con la mayor trascendencia, en la también particular relación universidad-facultad.

Burton Clark (1983, 1991) propone la categoría "culturas académicas" en la Educación Superior, para resaltar ese énfasis especial en el eje de lo que denomina "creencias disciplinarias", entendiendo que las mismas permiten a los agentes pensar e interpretar el mundo interno y externo a la institución a veces como razonamientos explícitos, en ocasiones de modo implícito e inconsciente como sustento de sus prácticas y acción habitualmente distorsionadoras de los mandatos institucionales.

En igual sentido, Varela (2011) afirma en relación a los procesos de cambio organizacionales en la Universidad que constituyen su objeto de estudio, que una visión más dinámica y por tanto ajustada de los mismos se obtiene poniendo el ojo en "…los significados y propósitos que los miembros y coaliciones de miembros otorgan a sus orientaciones y actividades…" (pág. 105). Brunner y Flisfisch (1983) hablan de una "ideología académica" que constituye el cemento aglutinador de una comunidad académica, que hacia dentro de si misma asume formas sólidas, de extensa e imperceptible consolidación en el tiempo, y que habitualmente opera como factor de resistencia a los cambios; resultando hacia fuera, eficaz en la legitimación ante el resto de la sociedad. Esta ideología aparece objetivada en innumerables aspectos organizacionales e institucionales, y prácticas académicas, como asimismo en los discursos de los actores Musselin (2001) habla de "configuración universitaria".

Efectivamente, la relación de todo el sistema universitario nacional con el Estado Nacional y sus políticas públicas específicas para el sector, diseñadas y gestionadas por el Ministerio de Educación y su Secretaría de Políticas Universitarias, va desarrollándose en coyunturas sucesivas de mayor o menor tirantez y de manera diferenciada para cada una de las instituciones actoras y sus agentes académicos, pero básicamente en los tiempos que corren, en el marco de un profundo avance del Poder Ejecutivo sobre la autonomía universitaria inaugurado con las reformas neoliberales de los años noventa, que no por naturalizado hacia el interior de las comunidades académicas debe soslayarse.

Definitivamente tales concesiones de autonomía significan a las universidades nacionales ir a la saga en generación de políticas específicas, alinearse con las dinámicas de un Estado Evaluador que impone lógicas de competencia mercantilista por provisión de fondos, y respecto de las cuales las instituciones de Educación Superior oscilan entre posicionamientos críticos firmes y esmerados acatamientos.

Asimismo y de acuerdo a lo dicho, agregando viscosidades a la caracterización que intentamos, esos ajustes y desajustes también se formulan hacia adentro del sistema universitario de modo particular en la relación también fluctuante y plena de contradicciones que las Facultades de Derecho que constituyen nuestras unidades de análisis mantienen con las universidades a las que pertenecen. Se trata de lo que Cox (1993) denomina en categorización bourdeusiana "campo de producción de políticas de educación superior", entendido como espacio conflictivo, articulado por relaciones de competencia que se expresan en disputas e interese específicos, entre las unidades académicas entre sí y entre ellas con la universidad que integran.

El *Programa de Incentivos a docentes investigadores*, y las *Mayores Dedicaciones*, constituyen dos formatos paradigmáticos de operacionalización de la *articulación* que deviene objeto de estudio y de los que hacemos un exhaustivo análisis, a partir de proyectos de desarrollo de pretendidos modelos de universidades productoras de conocimiento en el primer caso como política de promoción de la investigación novedosa desarrollada desde el Poder Ejecutivo en la década de las reformas neoliberales de los años noventa, en el segundo caso como política "nativa", propia del sistema de Educación Superior, de larga tradición en las universidades nacionales que se verifican como expresiones condensadas de las tensiones referidas párrafos arriba, y en relación a las cuales las unidades académicas del campo disciplinar del Derecho dan forma a su propia dinámica, en el contexto de sus culturas académicas e institucionales que involucran formas organizativas, creencias, tradiciones, y prácticas académicas específicas traccionando, empujando, y resignificándolas en su instancia de materialización y puesta en funcionamiento.

Y ello porque las particularidades disciplinares e institucionales, las combinaciones diversas de ambas, y la multitud de actores que las conforman expresadas en la base del sistema en las cátedras, institutos, y departamentos en su caso, se erigen en modelos específicos de interpretación de las políticas diseñadas en los niveles superiores del sistema (Clark, 1983, 1991).

Nuestro abordaje pondera además de modo especial, los devenires históricos con cierta incipiente pretensión genealógica, y los contextos en que las instituciones y las disciplinas han ido conformándose, porque el espacio social, los campos y los habitus, las instituciones y los cuerpos, son hoy el resultado de lo que ha venido siendo en sentido bourdieusiano; y porque tal dimensión de análisis no siempre está presente en los estudios sobre Educación Superior.

La centralidad de lo institucional y lo disciplinar que aportan especificidades al tema, nos llevan a situar el presente estudio en dos Facultades seleccionadas: Facultad de Ciencias Jurídicas y Sociales de la Universidad Nacional de La Plata, y Facultad de Derecho de la Universidad de Buenos Aires.

Desde el punto de vista conceptual tal caracterización remite a cierto intríngulis que se resuelve en el nivel institucional y que resulta resignificado por los agentes académicos en sus prácticas cotidianas. Tomamos distancia de la mayoría de la producción sobre el tópico, en lo relativo al papel que juega en el modo de resolver la *articulación* entre docencia e investigación en las Universidades, la variable institucional. Esto es, existe una amplia literatura al respecto que entiende que la misma se resuelve en el nivel individual por parte del agente académico, siendo lo institucional considerado una variable apenas moderadora, con mayor o menor incidencia según las propuestas teóricas, pero complementaria al fin. El presente trabajo se alinea entre las concepciones que entienden lo institucional y lo disciplinar como determinantes al momento de resolverse en las universidades algunas de las contradicciones como la que constituye nuestro objeto de estudio, complejizando el enfoque el entendimiento de que los agentes académicos en sus prácticas cotidianas y vivencias concretas operan en todo caso y necesariamente una reformulación que es a la vez seguimiento y corrimiento de esos mandatos.

Distinguimos dos variantes con pretensión clasificatoria: por un lado la articulación "de integración", por la que se concibe un tipo de agente académico capacitado para asumir ambas tareas, docencia e investigación, y para integrarlas en procesos de acción y reflexión recíprocamente determinados; y por otro lado, la articulación "de distinción", que distribuye las tareas de investigación y docencia en distintos agentes académicos a partir de asumir la heterogeneidad y requerimientos sustancialmente diferenciados de ambas actividades. De este modo tenemos dos variantes de la *articulación* que estudiamos *integracionista* y *distincionista*, reconociéndose además subcategorías según los énfasis y direcciones de la relación.

Primera Parte

Capítulo I

La Universidad en perspectiva en el centenario de la Reforma Universitaria

1. La Universidad de la Reforma: cogobernada y autónoma

> *"La Reforma Universitaria justifica su nombre porque es el de su bautismo, porque nació en las aulas universitarias y porque reclamó para la Universidad, para toda la escuela y correlativamente para las instituciones todas de la República re-formas, formas nuevas..."* dice Gabriel del Mazo (1943) a partir de entender y expresar con claridad conceptual, que el de la universidad *"...es un problema pedagógico, un problema cultural, pero por lo mismo es a la vez y necesariamente un problema político..."* (pág. 17).

Así lo determinaba el contexto ideológico, político, social y cultural que dio vida a la revolución universitaria. Efectivamente, en esos tiempos confluían un estado oscurantista de las casas de altos estudios largamente denunciado, con el protagonismo ascendente de las clases medias y el acceso al gobierno de la Unión Cívica Radical como expresión de ellas, en el nivel nacional; sumado a la caída de los regímenes absolutistas y la crisis del nacionalismo exacerbado en el mundo, la revolución rusa, la revolución mexicana y el nuevo constitucionalismo en Querétaro y Weimar, a nivel internacional (Ciria y Sanguinetti, 1968, 1983; Buchbinder, 2008; Portantiero, 1987; Biagini, 2000; Del Mazo, 1955; Portantiero, 1987; entre otros).

Ese tal carácter, munido de sus densidades conceptuales, es el que expondremos como adscripción explicitada, en sólo una aproximación que asumiendo la trascendental y profunda dimensión histórica del movimiento de la Reforma Universitaria de 1918[1] se enfocará en el esbozo de apenas algunos de sus lineamientos que de manera sustancial aportan comprensión y clivaje a nuestro objeto de estudio.

Julio V. Gonzalez (1924)[2] sostiene el carácter de la Reforma Universitaria como "*un nuevo sentido de la democracia*" y califica como "*...un grave error cuando sus sostenedores la defienden solamente bajo la faz de los estatutos universitarios...*" (conferencia dictada en el Centro de Estudiantes de Derecho de la Universidad de Buenos Aires, marzo de 1923).

Definitivamente se trató —en lo que nos interesa y entre muchos otros alcances que podrían distinguirse— de un nuevo modelo epistémico que encaminado por un reposicionamiento crítico y antidogmático frente al gran desafío del conocimiento, devino en la posibilidad misma de un proyecto de producción científica en la universidad, y con ello, en una resignificación del carácter social de ese conocimiento y de su dimensión política para hacerlo efectivo.

En tiempos de "*tiranos ensoberbecidos*" con reminiscencias de los "*contrarrevolucionarios de mayo*", las universidades habían sido el lugar "*...donde todas las formas de tiranizar y de insensibilizar hallaron la cátedra que las dictara...*", y donde la ciencia se desarrollaba "*...mutilada y grotesca al servicio burocrático...*", dirá en lo que nos interesa el Manifiesto Liminar de la Reforma Universitaria de 1918.

En esta instancia, los insurrectos cordobeses reclamaban para las altas casas de estudio "*...un gobierno estrictamente democrático...*" y el primer Congreso Nacional de Estudiantes Universitarios convocado por la recientemente fundada Federación Universitaria Argentina sancionaba la trascendental "*Bases para la organización de las universidades*" que en su artículo primero definía lo que sería el novedoso hallazgo, el cardinal aporte al marco de referencia teórico que en clave de ruptura vertebraría la idea de universidad y su proyección futura y continental, disparando prácticas constitutivas de la moderna cultura universitaria y

---

[1] Tanto se ha escrito y tanto ha sido estudiada la Reforma Universitaria de 1918 en toda Latinoamérica y el mundo, y tan lúcidos los nombres que con su autoría jerarquizan esa producción, que a ellos remitimos para su acabada comprensión.
[2] Representante de la UNLP al Primer Congreso Nacional de Estudiantes Universitarios en Córdoba, en Julio de 1918.

de su identidad latinoamericana: la noción de "república universitaria"[3] y de gobierno cogestionado por docentes, estudiantes y graduados.

Desde aquellas asociaciones de profesores y estudiantes de la universidad medieval, que fueron autonomizándose paulatinamente de la tutela clerical a medida que la necesidad de cuadros técnicos por parte de los gobiernos —de las ciudades y de los soberanos— iba manifestándose en forma paralela a la complejización y diversificación de los mismos, la administración de las altas casas de estudio superiores por parte de los protagonistas de la vida académica de aquella época, maestros y estudiantes, fue imponiéndose (Verger, 1994).

Este modelo de gestión que los reformistas del año 1918 venían a recuperar siglos después, contó con amplio consenso político así como con vehementes resistencias desde los sectores defensores del statu quo, que derivaron en intensas luchas desde las ideas y desde la acción, y supo expresar acabadamente la necesidad de democratización de las instituciones y de la enseñanza superior, y la necesidad de participación en la toma de decisiones por parte de quienes "hacen" la universidad, en tiempos en que las "academias" vitalicias, con su combinación perversa de ineptitud y corrupción cristalizaban formatos en que la enseñanza y la ciencia resultaban víctimas.

> *"Cuando hablamos de cogobierno universitario nos referimos a un concepto que expresa una manera concreta de organización del gobierno de la universidad a partir del cual cada claustro que compone la institución tiene un determinado nivel de participación en la toma de decisiones"* (Pitelli y Ruiz, 2010, pág. 28).

El "claustro"[4] como "comunidad de intereses y actividades" y como "ámbito de trabajo y de intercambio intelectual y personal" (Pitelli y Ruiz, ob.cit.) constituye el eje de estructuración del cogobierno de las entidades educativas superiores, que mediante la participación de docentes,

---

[3] El giro —con algún matiz: "República del Saber"; "República del conocimiento", etc.— circula de modo recurrente y significativo por los autores reformistas de la época, desde Deodoro Roca, hasta el propio Joaquín V. gonzalez, Alejandro Korn, Julio V. Gonzalez, y más acá Rizieri Frondizi, entre otros. Gabriel del Mazo (1955, a) lo desarrolla acabadamente.

[4] Algunas modificaciones estatutarias en las universidades de nuestro país han revisado esa denominación y apelado a otros conceptos definitorios ("estamento", "cuerpo") sin advertirse en ningún caso mayor trascendencia transformadora que la mera elección terminológica.

estudiantes, graduados y (más actualmente) no docentes[5], hace viable esa "república" de gestión del conocimiento, como concepto que excede el del formato de gestión o del régimen administrativo, para remitir a una esencia material como noción profunda de trascendencia y raigambre histórica y cultural insoslayable.

Los más de cien años de ejercicio de ciudadanía universitaria —aún con interrupciones consecuentes con las rupturas del orden constitucional en la historia de nuestro país, o derivadas del proyecto político-educativo del peronismo del año 1945 a 1955— devienen impronta distintiva que circula caracterizando a todo el sistema de educación superior público en Argentina, situándolo en una relación con el conocimiento también distintiva y particular, que no puede desvincularse de la misma. O dicho de otro modo: la viabilidad de un proyecto plural y diverso de producción y reproducción de conocimiento, halla su condición de posibilidad en el *demos* universitario que nuestras instituciones de educación superior asumen como valor y fundamento desde principios del siglo pasado.

La nueva organización de la enseñanza como necesidad impuesta por el proyecto de democratización del conocimiento[6] que para el movimiento del ´18 constituyó objetivo fundante y se elevó a la categoría de principio caracterizador de la universidad latinoamericana, hoy continúa asumiendo ese mismo carácter indispensable e innegociable para la cultura de la educación superior argentina, porque como dijo Risieri Frondizi al inaugurar los cursos de la Universidad de Buenos Aires en el inicio del año lectivo en 1959 "*…el gobierno tripartito no sólo es democrático sino eficiente*[7]."

Se trata de lo que Cardinaux y otros (2010) denominan "*faz constructiva*" del concepto de Autonomía Universitaria que implica "*…como mínimo, la libertad de cátedra, la libertad académica y el autogobierno para garantizar la docencia, la investigación y la extensión…*", que complementa el concepto en su "*faz defensiva*", entendido como "*…escudo frente a la

---

[5] Las discusiones sobre formas "tripartitas" o "cuatripartitas", por el cual a los tradicionales claustros de docentes y estudiantes se agregan graduados y no-docentes en la gestión del gobierno universitario (los primeros ya desde principios del siglo pasado, lo segundos en las últimas décadas) aún estan vigentes.

[6] Esta idea ha sido amplia y profundamente recorrida por la literatura reformista: Alejandro Korn (1919), Julio Antonio Mella (1923), Alfredo Palacios (1928), José Carlos Mariátegui (1928), Aníbal Ponce (1927, 1935), Risieri Frondizi (1959), Gregorio Berman (1960), entre otros.

[7] Discurso del Rector Doctor Risieri Frondizi, 20 de marzo de 1959, Revista de la Universidad de Buenos Aires, V época.

injerencia de terceros, en especial, de los poderes ejecutivo, legislativo, militar, eclesiástico y económico-financiero" (pág. 153).

En concordancia con tal conceptualización, de forma paralela y necesariamente articulada con el *cogobierno* encontramos otra de las grandes coordenadas que marcan el rompimiento de la universidad del siglo XX con la universidad decimonónica, como sustento de la más amplia renovación de la vida y métodos de la enseñanza superior y correlato indisoluble de la primordial exigencia de constituir democráticamente su gobierno: la *autonomía universitaria* (Del Mazo, ob.cit.).

Sanchez Viamonte (1968) la define como reconocer a cada universidad nacional el poder necesario para darse su propio estatuto, para darse sus propias instituciones y regirse por ellas, y advierte que la misma constituye un atributo consustancial de la existencia de las instituciones de educación superior en nuestro país.

Sanguinetti (1980) se extiende en los tres aspectos que la misma abarca: administrativo, financiero y científico pedagógico, de relación recíproca estrecha entre sí, al punto que suprimiéndose uno de ellos los restantes quedan sustancialmente disminuidos, afirma.

> "*Desde el comienzo hay que indicar con toda claridad que la autonomía implica el derecho de la universidad a elegir y destituir a sus autoridades en la forma que ella misma determine en sus estatutos...*" dice Risieri Frondizi (1971), advirtiendo inmediatamente que "...*se refiere a las relaciones de la universidad con el mundo externo, y en particular con el gobierno...*" (pág. 16).

Y es precisamente en esa dualidad compleja, en que la universidad pública como institución del estado se define *autónoma* con relación al gobierno y reclama para sí la tarea de conducir la educación superior, de organizarse y funcionar de acuerdo al ordenamiento que ella misma se dicte, donde el concepto asume toda su significación, con sustento en el acto mismo del conocimiento y de su razón crítica.

Desde tiempos iniciales la *autonomía* significó

> *Un principio fundamental para las instituciones reformistas, ya que se propuso romper el círculo vicioso de los "mediocres" (académicos vitalicios) del tradicional gobierno a cargo de la enseñanza, y se proyectó en la cultura universitaria a través de la participación de los tres cuerpos colegiados (profesores, estudiantes y graduados) en la toma de decisiones pedagógicas, académicas y científicas* (Mollis, 2008, pág. 93)

pues efectivamente, los reformistas del 18 se habían levantado "*contra un concepto de autoridad*" (Manifiesto Liminar de la Reforma Universitaria de 1918).

Finocchiaro (2013) sin embargo, afirma que el concepto de "autonomía universitaria" no formó parte de la agenda de tópicos impulsados por los reformistas de 1918 lo denomina "mito reformista". Advierte que se trata de una construcción conceptual posterior, con perfiles y alcances no siempre bien definidos lo que no podía haber sido de otro modo, dado el estado de avance del Derecho Administrativo que recién a partir de mediados del siglo XX alcanzó su principales desarrollos, y como lo demuestra la larga lista de fallos jurisprudenciales en que la Corte Suprema de Justicia de la Nación fue llamada a definir y establecer los alcances del concepto desde 1864 hasta la fecha[8], pero soslayando que indudablemente formaron parte de la agenda y acción reformista más precursora aquellos aspectos que hacen al contenido y sustancia del concepto en cuestión. Efectivamente, las pretensiones de cogobierno y la puesta en discusión justamente y de modo central de las formas de gobierno de las instituciones universitarias, los planteos de democratización del conocimiento, de libertad de cátedra y de enseñanza, de enfrentamiento y expulsión de las academias que representaban no otra cosa que la injerencia externa, constituyen definitivamente y de modo indudable planteos autonómicos. Asimismo, las tensiones entre universidad y Poder Ejecutivo como manifestación medular de las pretensiones de autonomía de las altas casas de estudio ocuparon buen parte de las disputas judiciales desde principio de siglo, asumiendo la CSJN hasta el fallo Berges[9] en 1930 una concepción restringida de la misma, ampliándose a partir del mencionado, por causa directa y así explicitada por el Alto Tribunal de "…*los hechos ocurridos durante el período anteriormente ya caracterizado por el movimiento reformista universitario de las primeras décadas del siglo XX…*" (Cadinaux, ob. cit., pág. 165).

---

[8] Puede verse un análisis exhaustivo al respecto en "*Los contornos de la Autonomía Universitaria delineados por los fallos de la Corte Suprema de Justicia de la Nación*", Nancy Cardinaux, Laura Clerico y Sebastián Scioscioli, (2010) en: La autonomía universitaria: definiciones normativas y jurisprudenciales en clave histórica y actual, Ruiz y Cardinaux, Edit. La Ley.

[9] "*Don Pedro Berges c/Gobierno Nacional por reposición en el cargo de Profesor Titular de la Universidad de Buenos Aires en la Facultad de Agronomía y Veterinaria*", Jurisprudencia pronunciada por la Corte Suprema de Justicia de la Nación sobre Universidad, T. 166, pág. 264-276.

El Juez de la Corte Suprema de Justicia de la Nación Carlos Fayt con su voto en disidencia en el siempre citado fallo "Monges"[10] expresa en relación a la Autonomía Universitaria que

> ...evoca inconfundiblemente cuestiones largamente debatidas por la sociedad toda, que por otra parte poseen orígenes seculares, en el peculiar "status" que se les reconoció a las universidades en la historia de occidente, y más próximamente, a partir del movimiento de la "reforma universitaria" que nació en nuestro país y alcanzó amplia trascendencia en otros.

Opina Horacio Gonzalez[11]:

> Sabemos que la educación pública superior la financia y garantiza el Estado, pero hay un gesto interno que el Estado secretamente acata sin duda a desgano, que es el de saber que de él depende la institución que no le responde. ¿Por qué haría tal cosa el Estado? Y temo ponerme aquí bastante hegeliano. Porque su vida misma, que es la de la sociedad en su conjunto, se juega en el acto mismo del conocimiento, que ejerce una negatividad de aquello mismo que lo sostiene...;

y completa en afirmación de la mayor vigencia frente a las más actuales caracterizaciones relativistas del concepto, que como estrategia burladora del precepto constitucional que impide negarlo se intentan en continuidad lineal con las políticas de educación superior inauguradas en la década de los noventa —la propia Ley de Educación Superior 24.521 lo es—: "...las encrucijadas de la sociedad podrán ser más fructíferas con la autonomía sin más, que postulando una autonomía relativa que cede un concepto histórico fundamental sin hacer otra cosa que abrirle la puerta a un chato cientificismo...".

Gonzalez Casanova (1966) coincide al reflexionar que la *autonomía* constituye un formato institucional que no sólo favorece a la propia universidad, sino también al gobierno que la respeta.

Definitivamente, la tensión fundadora de ese constructo que en su densidad teórica se proyecta desde la dinámica de las instituciones y su viabilidad cotidiana hasta principios epistémicos sustantivos y concepciones filosóficas del conocimiento como tal, se mantiene siempre presente y constituye su rasgo.

---

[10] "*Monges Analía M. c/Universidad de Buenos Aires*", Fallo de la CSJN, 26/12/1996 sobre el régimen de acceso a la enseñanza superior.
[11] "*Autonomía universitaria: problema de viejos*" nota del 21 de julio de 2012, Periódico *Página 12*.

Rasgo de carácter histórico que se fue conformando de manera articulada con las instituciones democráticas de la nación y al amparo de su designio, y sufrió el mismo atropello que aquellas por parte de las sucesivas dictaduras cívico-militares que hicieron del intervencionismo a las universidades —como del arancelamiento, las restricciones al ingreso, las cesantías de profesores, la represión y el genocidio— el eje de sus excluyentes políticas educacionales, con prístinos intereses de clase y resultados que no son desconocidos. Asimismo, de modo concordante —y este es un dato de la mayor significación para comprender acabadamente el sentido y alcance, real y simbólico, que la autonomía de las universidades asume en Argentina— las luchas y resistencias múltiples y redobladas de la comunidad universitaria —en tanto necesarios portadores y hacedores de la identidad de las instituciones educativas (Mollis, ob.cit.)— también y sustancialmente contribuyeron a definir ese carácter autonómico como innegociable.

Un capítulo aparte en la cuestión de la "autonomía" lo constituye su inclusión en los textos constitucionales de los países de Latinoamérica.

La Unión de Universidades de América Latina define: "...*la autonomía de la Universidad es el derecho de ésta a dictar su propio régimen interno y a regular exclusivamente sobre él; es el poder de la Universidad de organizarse y de administrarse a sí misma. Dicha autonomía es consustancial a su propia existencia y no a una merced que le sea otorgada –y debe ser asegurada– como una de las garantías constitucionales...*" (Documento Político de la UDUAL, 1953).

Es en el constitucionalismo de la segunda mitad del siglo XX que el principio de *autonomía universitaria* comienza a ocupar su lugar, con antecedentes en las constituciones de México, Brasil, Costa Rica y Bolivia, siendo acogido en la Carta Magna de nuestro país con la reforma constitucional de 1994 (Quiroga Lavié et al, 2001), a partir de una convención constituyente que situó la "cuestión universitaria" y el propio concepto de "autonomía" y sus alcances como uno de los tópicos a considerar[12].

La constitucionalización del precepto en los términos actuales constituye un dato de la mayor significación, si consideramos que el propio concepto de universidad no había tenido mayor recepción en el desarrollo

---

[12] Debates de la Convención Constituyente de 1994. Para un análisis profundo de los mismos ver Ruiz y Scioscioli (2010) entre otros.

de la norma fundamental argentina[13] y que el concepto de "autonomía" tenía el precedente inmediato de la Constitución de 1949, vigente hasta 1955, en que se refería el mismo para limitarlo: *"Las universidades tienen el derecho de gobernarse con autonomía, dentro de los limites establecidos por una ley especial que reglamentará su organización y funcionamiento"* (art. 37, Secc. IV, Inc. 4).

El novedoso[14] artículo 75 inciso 19 anteúltimo párrafo impone sancionar leyes que *"garanticen los principios de gratuidad y equidad de la educación pública estatal y la autonomía y la autarquía de las universidades nacionales"*, con fundamento en que se trata del medio necesario para que la universidad cuente con la libertad suficiente que le permita el cumplimiento de su finalidad específica, aunque con ciertos reparos manifestados por algunos convencionales[15] en cuanto al concepto de "autarquía" que se lo sindicaba como remitiendo a un autofinanciamiento de la educación superior tan inaceptable como imposible.

Sin embargo, el esfuerzo de algunos sectores por blindar el concepto de "autonomía" legislado merced a acuerdos previos a la Convención[16], ensayando interpretaciones y alcances con intención de positivizarlos para evitar futuras tergiversaciones, resultó —como no podía ser de otro modo— infructuoso.

Efectivamente, las políticas y legislación para la Educación Superior durante toda la década de los '90 constituyeron desconocimiento liso y llano de la mentada "autonomía", cuya relativización esos años inauguraron, manteniéndose enderezadamente y sin mayores desvíos hasta el presente —aunque debemos reconcer un énfasis más atenuado o quizás una estrategia de menor confrontación en el actual Poder Ejecutivo—.

---

[13] El anterior art. 67 inciso 16 apenas refería el tema, otorgando al Congreso el dictado de los *"planes de instrucción…universitaria"*.

[14] La novedad no reside en el contenido de la norma, sino en su jerarquía normativa.

15 Hubo un dictámen de minoría que eliminaba del artículo el concepto de "autarquía", rubricado por los convencionales Zaffaroni, Estevez Boero, Alvarez, Cafiero (h), entre otros, quienes defendieron mantener el concepto de "autonomía" en toda su amplitud y así lo propusieron al plenario en la votación del 11 de agosto, aunque sin éxito.

[16] Fórmula elegante, utilizada recurrentemente por los Convencionales y los medios de comunicación de la época, para referir que la llamada "cuestión universitaria" y el tópico "autonomía de la universidad" constituyeron moneda de cambio —una de ellas— de las eficaces pretensiones re-eleccionistas que habilitaron la reforma constitucional.

La sanción de la Ley de Educación Superior 24.521[17] fue el vehículo legal de restricción de la "autonomía" a su sola dimensión académica —en fórmula legislativa calcada de la utilizada por gobiernos dictatoriales en diversos momentos de la historia de nuestro país— haciendo mención al concepto para inmediatamente afirmar que estaría limitado al "*...marco de la legislación específica...*" (art. 23).

Ello, acompañando un combo de políticas para el sector vigentes en las siguientes décadas, que profundizaron el control del Poder Ejecutivo sobre el sector universitario con el objeto de imponer lógicas mercantilizadas de la educación superior que venían difundidas desde los países centrales[18] y que esparcieron su racionalidad de "accountability" como sustento de un "Estado Evaluador" (Neave, 1988; Neave & Van Vught, 1994; O'Donnell, 2001; Paviglianiti 1996; Naishtat, 2001; Ruiz, 2010, Mollis, 2002, 1996; entre otros) que hasta la fecha y a veinte años vista, significó más restricción de la concepción autonómica de la Educación Superior que mejoramiento de la calidad y eficiencia de la gestión educativa, tal como el discurso de legitimación argüía.

En definitiva, es necesario apuntar para cerrar este apartado, que la *autonomía universitaria* generó y sigue generando amplios debates que, disfrazados de tecnicismo y de absolutismo jurídico, intentan superar sus perfiles imprecisos en disputas hermenéuticas en el campo legislativo, doctrinario y jurisprudencial, poniendo en juego la profunda dimensión política que sustentan las fórmulas del Derecho.

Decimos entonces, que el *cogobierno* de las casas de estudios superiores por los propios académicos, por los propios agentes del sistema universitario, constituye una clave de lectura de la realidad universitaria en Latinoamérica y particularmente en nuestro país, que necesariamente debe informar cualquier análisis al respecto; de modo análogo la *autonomía universitaria* es otro de sus ejes sustantivos, sin el cual la institución sería impensable, y cualquier tentativa de reformulación institucional inviable.

---

[17] Con el voto exclusivo de la "mayoría automática" de la coyuntura (oficialismo apenas acompañado por algunos partidos provinciales) y contra la voluntad generalizada de los actores del sistema universitario expresada en forma de protestas, movilizaciones y acciones judiciales de diverso tipo y calibre, adoleciendo de la ilegitimidad de origen propia de toda norma no consensuada. Tal circunstancia requiere ser adecuadamente dimensionada al momento de efectuar diagnósticos de la situación actual del sistema universitario en Argentina

[18] Con las reformas educativas de la década de los '80 en Gran Bretaña y Estados Unidos, y en línea con el denominado "Proceso de Bologna" que por los '90 marchaba en el Espacio Europeo de Educación Superior.

Ello a partir de entender que, en definitiva, *autonomía, cogobierno* y *democracia universitaria,* son términos de una misma ecuación vinculada nada más ni nada menos que con el lugar que le otorga cada sociedad al *conocimiento* y a sus condiciones de producción y reproducción.

2. La Universidad de la contrarreforma

Afirma Lopez Segrera (2006)

> *Muchas reformas universitarias se han caracterizado por cambios parciales del sistema. Raras veces se han producido reformas globales a la manera de la Reforma de Córdoba (1918) en Argentina, que constituyó el primer cuestionamiento serio de la universidad de América Latina y el Caribe"* y agrega de modo contundente *"En América Latina, tras la mencionada Reforma de Córdoba, la reforma de los ochenta y los noventa, caracterizada por la desinversión y la privatización de la universidad, fue una auténtica contrarreforma* (pág. 35).

Esta *contrarreforma*, en nuestro país se configuró apresuradamente[19] en los años noventa con la sanción de la Ley de Educación Superior Nro. 24.521, la creación de la Secretaría de Políticas Universitarias (SPU) del Ministerio de Educación de la Nación, y la puesta en marcha del Programa para la Reforma de la Educación Superior (PRES) financiado con un préstamo del Banco Mundial y del Banco Internacional de Reconstrucción y Fomento[20] que tenía por objetivos declarados la reforma de la Ley de Educación Superior, el mejoramiento de la calidad de la educación superior, el desarrollo de políticas de evaluación y acreditación a través de la también recientemente creada Comisión Nacional de Evaluación Universitaria (CONEAU), una mayor inversión en infraestructura y equipamiento de las universidades, la eficiencia en el gasto, y la modificación de los criterios de asignación presupuestaria via mecanismos de competencia entre las altas casas de estudio para el acceso al financiamiento,

---

[19] María Clotilde Yapur utiliza este calificativo en *"Docencia e Investigación"* (2012) comparativamente con el proceso que en otros países fue desarrollándose desde la década de los años setenta, e incluso como el caso de México de los sesenta.
[20] Préstamo 3921-AR, promulgado por Decreto del PEN Nro. 840/95 por la suma de 165 millones de dólares.

como fue el Fondo para el Mejoramiento de la Calidad Universitaria (FOMEC).

En definitiva, se trató de la traducción al ámbito de la Educación Superior de las políticas neo-liberales impuestas en todo Latinoamérica (Brunner, 1994, 2009; Mollis 2002, 2003, 2007; Lopez Segrera 2006; Oszlak 1997; entre otros), de reforma del Estado, privatizaciones y ajuste del gasto público con una gradual pero continua y significativa reducción de las asignaciones presupuestarias para la educación superior (Gentili, 2001), y significaron decididamente una deformación de las universidades públicas Molis (2003) acuña el concepto *"universidades alteradas"* para subordinarla al mercado y sus lógicas, cabalgando en conceptos de "eficiencia" vacíos que le impiden cumplir su misión.

Fué, al decir de Tenti Fanfani (1993), la liquidación del clásico espacio público para el desarrollo del trabajo intelectual. La idea de universidad como empresa rentable se impuso, sustentada en slogans ampliamente difundidos como el de desarrollo de la "sociedad de conocimiento", "modernización" y "globalización de la educación", que significaron standarización e imposición de modelos pensados para y desde los países centrales, particularmente -y como si las advertencias y críticas de Weber hace casi cien años acerca de su burocratización e ineficiencia no hubieran sido suficientes emulando e intentando adaptar el modelo norteamericano de universidad (Araujo, 2003; Krosch 1998).

Las nuevas relaciones entre Universidad y Estado que resultaron como consecuencia, se configuraron con también novedosos formatos de control y planificación, y fundamentalmente con la habilitación del "mercado" como actor político determinante en su desarrollo. Dice Araujo (2003):

> *…Los cambios enunciados se producen en el marco de reformas etiquetadas como gerencialismo (managerialism) o nueva gestión pública (new public Management) en las que la universidad es considerada como una empresa corporativa reemplazando la concepción de la universidad como una institución pública estatal o como una institución cultural…*

y agrega más adelante

> *…Esta concepción como fundamento ideológico del Estado Evaluador se generaliza en los diferentes países, obviando la complejidad de los sistemas de educación*

superior en términos de entrecruzamientos y superposición de diferentes culturas en el proceso de producción-reproducción de este subsistema educativo… (pág. 47).

Dos ejes pueden advertirse muy prístinamente en el entramado de discursos y acciones puestos en juego en los años a los que hacemos referencia en relación a las instituciones de Educación Superior en Argentina y en América Latina en general: el retiro del estado como garante de los servicios educativos en general y de la Educación Superior en particular, y una sustancial mutación en la propia concepción de Universidad, entendida ahora con énfasis empresarial y criterios de rentabilidad[21] en los que la propia educación comienza a considerarse un "gasto".

Perez Lindo (ob.cit.) sin embargo, afirma que se trató de un "vuelco paradigmático" desde una estructura universitaria interesada en su reproducción, hacia un sistema que toma en cuenta las necesidades del medio y la competencia para captar recursos del Estado y la sociedad.

Desde el punto de vista operativo y de las modalidades concretas que fueron delineadas en nuestro país como precursoras del mentado "salto de calidad" en la Educación Superior, pueden consignarse: 1) el sistema de Evaluación y Acreditación Institucional con la creación de organismos de amortiguación como CONEAU (Comisión Nacional de Evaluación y Acreditación Universitaria), y mecanismos de autoevaluación enlazados con evaluaciones externas[22]; 2) la competencia de las distintas instituciones por fondos estatales como el FOMEC (Fondo para el Mejoramiento de

---

[21] En sintonía con tales vientos, la Organización Mundial del Comercio (OMC) planteó la inclusión de la Educación Superior como bien de importación y exportación regulado por sus normas.

[22] Para profundizar este aspecto ver: "*Políticas Públicas de Evaluación y Acreditación en las Universidades Argentinas*" de Guaglianone (2010); "*Evaluación de la calidad para la transformación de las universidades: el caso de la Argentina*" de Alvarez (1992); "*Evaluación universitaria en el Mercosur*" de Marquis y otros (1994); "*Reformas estatales de segunda generación y reformas universitarias en la Argentina actual (o de por qué es más fácil privatizar una línea aérea que una universidad*" de Camou (2002); "*Políticas internacionales y guernamentales e interinstitucionales de evaluación universitaria. Del Banco Mundial al CIN*" de Carlino y Mollis (1997); "*La evaluación de la calidad universitaria en Argentina*" de Mollis (2000); "*Evaluación y acreditación en la Educación Superior Argentina*" de Fernandez Lamarra (2003); "*La evaluación de la calidad en la Argentina: la necesidad de un análisis centrado en el poder y el conflicto*" de Krotsch (2005); "*Universidad y Evaluación*" de Krotsch y Piggros (1994); "*Evaluación, acreditación, reconocimiento de títulos. Enfoque comparado*" de Marquez y Marquina (1997); "*Evaluación universitaria*" de Marquis (1995); "*Evaluación para el mejoramiento de la calidad universitaria. Estrategias, procedimientos, instrumentos*" de Marquis y Sigal (1993); "*La evaluación de las instituciones universitarias. Estado de la cuestión*" de Marquis (1996); "*Calidad y evaluación universitaria*" de Mignone (1992); "*Criterios y procedimientos para la evaluación institucional*" de Peón (1999); "*Análisis de los antecedentes, criterios y procedimientos para la*

la Calidad) que van derivando el financiamiento de la Educación Superior hacia asignaciones de fondos específicos para áreas o actividades que el gobierno desea promover, y que están vinculadas de forma más o menos directa con los resultados de los procesos de evaluación y acreditación de la calidad[23]; 3) el PI (Programa de Incentivos a Docentes-Investigadores) como forma de resolución de la cuestión que constituye nuestro objeto de estudio: *articulación* docencia-investigación en la Educación Superior.

Pedro Krostch (1998) apunta que ciertas circunstancias macro como la relativa estabilidad económica lograda a través del Plan de Convertibilidad y la fuerte hegemonía del gobierno Justicialista, además de la incorporación del país a las grandes tendencias de la globalización económica, y la existencia de condiciones objetivas en el sistema de Educación Superior con su creciente complejidad y dimensión en constante aumento; sumadas a otras condiciones de carácter más coyuntural como el aumento de la capacidad operativa del Ministerio de Educación vía la recientemente creada Secretaría de Políticas Universitarias, y el apoyo ideológico y financiero del Banco Mundial; a las que debe agregarse la incapacidad política de los actores del propio sistema de Educación Superior para promover sus intereses –Seoane (1999) afirma que esa es la percepción generalizada de los docentes universitarios–; confluyeron para hacer posible la instauración del modelo a pesar de la resistencia y conflictividad que generó.

Pero por otra parte, debe tenerse presente que este proceso asumió el distintivo carácter heterónomo que resulta común denominador en todas aquellas reformas de la Educación Superior que a lo largo de la historia en nuestro país han sido impulsadas por gobiernos dictatoriales y esto

---

evaluación institucional universitaria en la Argentina 1996/2002" de Peón y Pugliese (2004); *"Teoría y evaluación de la educación superior"* de Perez Lindo (1993); *"Análisis exploratorio de los efectos del FOMEC y la CONEAU en las universidades argentinas: ¿erosión de la frontera entre lo público y lo privado?"* de Toscano (2005); entre otros.

[23] Para profundizar este aspecto ver: *"Mejora de la calidad de la Educación Superior: vínculos con el financiamiento. Una mirada del caso Argentino"* de Soriano de Castro (2010); *"Contrato-Programa: instrumento para la mejora de la capacidad institucional y la calidad de las universidades"* de García de Fanelli (2008); *"Financiamiento de la educación superior en América Latina"* de García Guadilla Carmen (2006); *"El financiamiento de las instituciones de educación superior en Argentina"* de García Solá (2004); *"Consideraciones sobre el FOMEC. Fondo para el mejoramiento de la calidad universitaria"* de Marquis (1998); *"El FOMEC: innovaciones y reformas en las universidades nacionales"* de Marquis, Riveiro y Martínez Porta (1999); *"Los nuevos mecanismos relacionales de financiación de la educación universitaria pública: la aplicación del contrato-programa en España"* de Prado Domínguez (2003); *"Mecanismos de asignación de recursos en la educación superior: tipología y evaluación"* de Salami y Hauptman (2006); *"Análisis exploratorio de los efectos del FOMEC y la CONEAU en las universidades argentinas: ¿erosión de la frontera entre lo público y lo privado?"* de Toscano (2005); entre otros.

constituye un dato no menor al momento del análisis; Naishtat (2002) más moderadamente habla de "formas gerenciales" que dinamizaron desde afuera las instituciones de Educación Superior.

El caso es que el llamado "modelo evaluador" se impuso desde el gobierno central con formas autoritarias, prescindencia de instancias de diálogo y prácticas políticas de generación de consensos, y con explícitas estrategias de cooptación y coacción en la distribución de fondos y recursos, contra el generalizado rechazo de la comunidad universitaria en general aunque con la connivencia explícita –en algunos casos las Universidades alineadas políticamente con el Poder Ejecutivo aceptaron más temprano que tarde los procesos de evaluación institucional y la competencia por fondos especiales[24]– e implícita en otros, por la incapacidad de los propios actores del sistema de educación superior para generar acciones políticas alternativas eficaces. Tal como lo sugieren Carullo y Vacarezza (1997) y Prati (2004) con relación al Programa de Incentivos del que nos ocuparemos en el siguiente capítulo, no resulta sostenible la idea de que se trató de un Poder Ejecutivo decidido a relativizar la autonomía universitaria y un Ministerio de Educación avasallante en pugna contra la comunidad universitaria "homogéneamente resistente".

No debe perderse de vista, sin embargo, al considerar este último aspecto señalado, el tipo de actores institucionales que constituyen las universidades y su natural dependencia del financiamiento del estado, que sobre todo en tiempos de restricción presupuestaria como los que referimos, las sometió a los designios de un Poder Ejecutivo excesivamente permeable a los requerimientos de los organismos financieros internacionales y de sus técnicos y asesores incapaces de comprender los procesos históricos de la universidad en nuestro país y Latinoamérica, y más ajenos aún a su cultura académica y su tradición autónoma[25].-

---

[24] En los albores mismos del período, el Ministerio de Cultura y Educación de la Nación firmó convenios para establecer procesos evaluadores con distintas Universidades. El listado resulta más que significativo: Centro de la Provincia de Buenos Aires, Cuyo, Federal de la Patagonia Austral, Lujan, Nordeste, Patagonia, Río Cuarto, San Juan, y Sur. Posteriormente lo harían las universidades de: Catamarca, Comahue, La Pampa, La Rioja, Litoral, Santiago del Estero y Misiones.

[25] Un ejemplo acabado de ello lo constituye el Programa de Fortalecimiento de la Gestión y Coordinación Universitaria ("Subproyecto 06") que en 1991 el Ministerio de Cultura y Educación puso en manos de técnicos especialistas y expertos en Educación Superior, con pretensiones de diagnosticar, asistir y elaborar proyectos de políticas públicas para el sector, altamente financiado por el Banco Mundial y el Programa de Naciones Unidas para el Desarrollo

3. La ciencia en la universidad

Los interrogantes acerca del modo de *articular* las prácticas académicas de docencia y de investigación, y la serie de cuestiones y matices que esa pretensión porta, tiene su punto de partida en un presupuesto teórico de relevancia, que viene dando nueva configuración a la concepción de universidad, cual es el de pensar la condición de posibilidad del desarrollo de procesos de producción científica en su seno.

Es lo que Prego & Vallejos (2010) denominan "ciencia académica", que reconoce la producción de conocimiento como uno de los fines y objetivos constitutivos de las instituciones de educación superior, que requiere detener la mirada en el modo en que el vínculo se construye —su significado, alcances y limitaciones— obligando a repensar el propio designio de las mismas.

Efectivamente, una cuestión cuya adecuada ponderación asume centralidad al momento de estudiar la *articulación* que nos ocupa, es la circunstancia novedosa que constituyen los discursos cientificistas[26] acerca de la universidad y la pretensión de revisión de la pregunta por su objeto, misión y funciones, cuya respuesta parece ya no agotarse en la formación de egresados, en la expedición de títulos, y en la habilitación para el ejercicio profesional. Tal aspecto medular, que comienza a tomar forma con el proyecto de la Reforma Universitaria de 1918 y su propuesta de "universidad multifuncional" capaz de desarrollar enseñanza, investigación y extensión en la impronta del nuevo estilo institucional que ese movimiento supo inventar (Mollis, 1995; Gonzalez, 2007), intenta desarrollarse a lo largo del siglo pasado, para culminar integrándose de modo concreto a la agenda pública de las políticas de Educación Superior en Argentina y el resto de Latinoamérica en la década de los noventa.

(PNUD), y cuyo informe final fue recibido con innumerables críticas por parte de los distintos sectores de la comunidad universitaria y por las propias instituciones de Educación Superior, y oportunamente rechazado por el Consejo Interuniversitario Nacional (Acuerdo Plenario 97/93).

[26] En el presente trabajo utilizamos el concepto "cientificista" desprovisto del tono peyorativo que lo informa desde cierta línea de análisis en los debates de la Educación Superior, entendiendo que da cuenta de la idea de universidad orientada a la investigación y la producción de conocimiento; en tensión con la idea de universidad "profesionalista" con énfasis en la expedición de títulos y la formación en el ejercicio de la profesión. Dicha tensión resulta constituyente en el campo del Derecho.

Dos cuestiones deben señalarse como presupuestos teóricos de la mayor relevancia en el análisis que intentamos:

Por un lado, el recorrido de la propia universidad a lo largo de ese siglo XX, que ligada de modo ineludible a los destinos de la nación, debió interrumpir en reiteradas oportunidades y del modo más cruento, su desarrollo institucional.

No es posible soslayar que las sucesivas dictaduras que asolaron la Argentina golpearon sin mengua a la universidad, combatiendo esencialmente ese modo de entender la gestión democrática del conocimiento que representaban, impidiendo el despegue de cualquier formato actualizado de producción de conocimiento y abortando todo atisbo de alianza entre ciencia y universidad.

Este aspecto, no ha sido suficientemente estudiado por la literatura sobre Educación Superior en Latinoamérica y particularmente en nuestro país, constituyendo un tópico ausente la investigación sobre el legado de las formas autoritarias y sus consecuencias en la conformación de las culturas académicas y los perfiles institucionales en la Universidad (Paviglianiti, 1991; Braslavsky, 1983).

Por otro lado, el proceso de mayor amplitud en el que se enmarcó la política de Educación Superior de esos años noventa que señalamos como hito, que supo revelar sin cortapisas el carácter periférico y dependiente del modo de producción capitalista en nuestros países latinoamericanos y el papel subordinado que asumen nuestras economías en el mundo globalizado.

Las políticas de privatización, desregulación, racionalización financiera y reducción de la responsabilidad del Estado en la prestación de los servicios públicos, con una sistemática liberalización del mercado y transnacionalización de las economías, fueron los ejes que el modelo de acumulación de esa coyuntura internacional impuso (Stiglitz, 1998; Lechner 1998, Camou, 2002; entre otros); y con ello, la "modernización" de los sistemas educativos superiores exigida por una agenda internacional que, acatada en nuestro país de modo radical por un muy permeable Poder Ejecutivo, modificó la relación Estado/Universidad, y la propia concepción de "educación" que pasó a constituir a partir de allí un "gasto" siempre reducible y con posibilidades de ser eficientizado con las lógicas del mercado y la competencia. Dice Mollis (2003 b): *"Estamos en condiciones de confirmar un balance intranquilizador para las universidades latinoamericanas: el conocimiento, en todas sus manifestaciones y formatos de producción y difusión, no ha sido un actor protagónico de las reformas de los noventa.*" (pág. 112). En verdad, las relaciones entre Estado y Universidad se configuraron introduciendo formatos novedosos de planificación y control que asumen como presupuesto fundamental la habilitación del "mercado" en calidad de actor político determinante.

No obstante lo indicado, la discusión acerca de la necesidad de avanzar en modelos universitarios de producción científica se halla instalada, aunque constituyendo antes un discurso normativista más o menos consensuado, que una experiencia exitosa, de la mano de políticas públicas para la Educación Superior que no asignan los recursos adecuados e imprescindibles para el desarrollo de los estándares cientificistas pretendidos.

Preferimos hablar, por ello, de una universidad en transición hacia formatos que pretenden superar tradiciones "profesionalistas", que para consolidarse deberá ir resolviendo un sinnúmero de aspectos, dentro de los cuales la cuestión referida al modo en que las prácticas académicas de docencia se *articulan* con estas nuevas tareas de investigación resulta medular.

Fernández Lamarra y Natalia Coppola (2008) enuncian la falta de esa *articulación* entre docencia e investigación como un verdadero obstáculo para el desarrollo de la producción de conocimiento en la universidad argentina, sumado a problemas para definir políticas institucionales de investigación, fuertes limitaciones en la disponibilidad de recursos académicos (falta de Mayores Dedicaciones) y de apoyo (falta de recursos materiales y financieros, etc.), insuficiente articulación entre diferentes unidades y proyectos de investigación, falta de consolidación de los grupos de investigación existentes y falta de promoción para la formación de nuevos grupos, e insuficiente formación en investigación de muchos docentes-investigadores.

Dicho de otro modo, un modelo de universidad científica o de investigación para ser tal deberá resolver con qué agentes académicos, con qué recursos y formatos institucionales, y fundamentalmente, para qué y/o con qué impacto social, lo hará.

Tal cuestión encuentra su clivaje en la actualidad en todas las instituciones de Educación Superior, en experiencias que en todos los casos constituyen expresiones de la tensión entre su tradición profesional y estos nuevos afanes científicos, que deben ir asumiendo cada institución a su modo y determinada por sus circunstancias particulares el consecuente problema de la *articulación* referida.

El campo del Derecho no es ajeno a la misma, y es en sus especificidades en que centramos nuestro abordaje, tomando a modo de ejemplo desarrollado en la segunda parte del libro, los modos de concreción y gestión institucional de esa tensión constituidos por la Facultad de Ciencias Jurídicas y Sociales de la Universidad Nacional de La Plata y la Facultad de Derecho de la Universidad de Buenos Aires, ya mencionadas.

Capítulo II

Las políticas institucionales de *articulación*: mayores dedicaciones y programa de incentivos

1. Tipos de *articulación*

El modo de *articular* la tradicional y más antigua de las labores académicas, cual es la docencia, la reproducción y transmisión de conocimientos, y la formación de profesionales idóneos, con la novedosa tarea de producción de conocimiento, constituye uno de los dilemas centrales de la Universidad actual.

Definitivamente, cualquier proyecto de Universidad con pretensiones de desarrollar investigación, debe necesariamente asumir esta cuestión que conlleva además, otras aledañas: ¿cómo deben llevarse adelante estos deberes?, ¿con qué agentes?, ¿en qué condiciones?, o dicho de otro modo, ¿quién enseña y quién investiga?, ¿todo docente universitario debe llevar adelante ambas tareas?, ¿con qué recursos?.

Toda declaración acerca de la necesidad de investigar y tal como decimos desde el inicio, es necesario advertir que las mismas abundan y constituyen parte central del imaginario que construye la idea vigente de Universidad, resulta mero voluntarismo o expresión de deseos si no resuelve previamente cómo habrá de *articularse* con la función de enseñanza, así como también quiénes lo harán y con qué financiamiento.

Al respecto, es necesario discernir lo que entendemos por misiones y funciones de carácter institucional, sobre las que, como ya hemos apuntado, no parece haber disensos teóricos: la universidad como tal, asume su carácter en tanto la investigación y la docencia –producción y reproducción de conocimiento– se desarrollen en su seno. En nuestro país los proyectos institucionales de Educación Superior y la normativa que los plasma, recogiendo lo mejor de la tradición reformista de 1918, así lo entienden.

Así lo prescribe la propia Ley de Educación Superior 24.521 que entre los objetivos de esta instancia educativa enuncia los de formación de científicos, de promoción de la investigación y de contribuir al desarrollo científico y tecnológico de la nación; al igual la Ley de Educación Nacional que entre los objetivos de la política de formación docente incluye el de incentivar la investigación vinculada con las tareas de enseñanza.

En el campo específico del Derecho la declaración del Consejo Permanente de Decanos de las Facultades de Derecho de las Universidades Públicas de Argentina, en su documento *"Estándares para la autoevaluación de la gestión institucional y las funciones de la enseñanza-docencia, de investigación científica y de extensión universitaria de las Facultades de Derecho de las Universidades Públicas"* (2000) afirma de manera contundente que las universidades que reducen su actividad a la enseñanza y no producen conocimiento, no son tales: *"...utilizan esta denominación de manera ilegitima..."*.

Pero además, la llamada "Declaración de Mar del Plata" del año 2003 de esa organización de Decanos de Facultades de Derecho, avanza un paso más y habla ya en la Introducción, de la necesidad de promover desde las instituciones de educación superior en el campo del Derecho *"...sólidos vínculos entre las funciones de docencia, investigación y extensión..."*, y si bien reconoce el tratamiento particular que cada institución realiza de la función docente, precisa:

> *...se entiende que la docencia universitaria constituye una práctica científica lo que supone pensar en un docente universitario capacitado para a) enseñar de modo tal que los alumnos se apropien significativamente del conocimiento; b) realizar actividades de investigación cuyos productos se transfieran a la enseñanza a través de metodologías que fomenten la pregunta y la búsqueda activa de respuestas...*

Por consecuencia, y de acuerdo a lo dicho, es necesario tener presente por un lado la cuestión referida a la *articulación* que toda institución debe resolver como condición indispensable de un proyecto de universidad de investigación, y por otro el interrogante referido a la posibilidad de que tales tareas de investigación y docencia sean asumidas de forma "integrada" por los agentes del sistema universitario, o dicho de otro modo, la cuestión de si es posible que los agentes académicos asuman ambas tareas como integrantes de su labor cotidiana, y en qué condiciones.

Así, hablamos de *articulación* para referirnos a esa exigencia que se impone a las Universidades contemporáneas en tanto y en cuanto la pretensión de producción de conocimientos es asumida institucionalmente y se agrega a las tradicionales tareas de enseñanza y formación de profesionales; y por otra parte distinguimos los múltiples modos de efectuar esa *articulación* en relación a los agentes académicos que deben llevarla adelante, reconociendo de acuerdo a lo ya expuesto dos grandes paradigmas en relación a la misma, que podríamos denominar "de integración" o *integracionista* y "de distinción" o *distintivista*.

En el primero de ellos agrupamos las diversas propuestas de resolver la *articulación* integrando docencia e investigación, que con disímiles fundamentos, consideraciones y matices, sin embargo coinciden en que en las Universidades deben investigar los propios docentes; en el segundo de ellos reconocemos los enfoques que entienden la necesidad de distinguir dos tipos de quehaceres bien disímiles, y por tanto, encargarlos también a distintos agentes académicos.

> *¿Es posible verificar que una mayor eficacia docente para llevar adelante exitosamente el proceso de enseñanza-aprendizaje se correlaciona de alguna manera con una mayor producción científica, estimada esta última en calidad y cantidad de trabajos de investigación?, o a la inversa ¿la mayor productividad en el ámbito de la investigación tiene su correlato en una mejor labor docente?* (Orler, 2012 a, pág. 292).

De este modo, la cuestión gira en torno al modo en que se realiza tal articulación: si la producción de conocimiento acoplada a las tareas docentes puede aportar beneficiosamente al proceso de enseñanza y aprendizaje, o viceversa, si la labor áulica y docente en general puede enriquecer la labor de investigación –fundamentos de carácter unidireccional–; y/o si ambas tareas, las de investigador y docente, pueden vincularse en una dinámica conjunta de enriquecimiento mutuo –fundamentos de carácter bidireccional–. Esto es, una articulación que denominamos "de integración" entendiendo por tal la asunción de ambas tareas por parte de un mismo agente académico cuya referencia concreta podríamos encontrar en las universidades de Alemania e Italia, por ejemplo, que al estilo de la tradición de la

Universidad Humboldtiana imponen una visión de unidad de la enseñanza e investigación. Por otra parte encontramos otro gran grupo de trabajos que sostienen los que denominamos modelos "de distinción", aseverando la necesidad de separar las prácticas académicas de docencia e investigación en agentes diferentes, dadas las diferencias sustanciales que ambas tareas presentan. Se trata de la tradición de las universidades francesas o en nuestro país, en ciertas coyunturas institucionales y particularidades disciplinares o de cátedras o para ciertos agentes académicos en los primeros años de mil novecientos de la Universidad Nacional de La Plata, o el proyecto de la Universidad Nacional del Litoral de los años treinta, por ejemplo que concentran y diferencian las actividades de investigación en grupos de agentes y estructuras organizativas separadas, en las que el personal que investiga no tiene responsabilidades de enseñanza o las tiene muy atemperadas o tan sólo complementariamente.

Es necesario distinguir incluso, en este grupo, modelos de "Diferenciación Institucional" –Estados Unidos y el Reino Unido por ejemplo– en los que las instituciones de Educación Superior estan estratificadas de acuerdo a la intensidad de la investigación que realizan, a partir de un mandato de enseñanza común; o los modelos en que la separación más que una característica del sistema de educación superior nacional, se corresponde con el perfil elegido por cada institución que gestiona las funciones de docencia e investigación en unidades distintas: la enseñanza en las Escuelas y la investigación en los Institutos, ámbitos en los que se desempeñan diferentes agentes académicos –de Wert (2004) cita como ejemplo de ello la Universidad de Twente–.

Los expuestos constituyen dos ejes de la mayor relevancia a analizar, conformados por los diversos posicionamientos teóricos existentes frente a la articulación referida y frente al modo en que debería implementarse: un gran grupo de textos que se inclinan favorablemente por la integración de docencia e investigación, adjudicando ambas tareas a los mismos agentes académicos e impulsando la figura del docente-investigador, que hemos denominado integracionistas; y otro no menor que, vía diferenciación funcional y/o imposibilidad instrumental, se muestran contrarios a la misma, y hemos denominado distintivistas.

Existen numerosos estudios que entienden que la articulación "de integración" es necesaria y enriquecedora, especialmente enfoques constructivistas del proceso de enseñanza-aprendizaje que parten de conceptualizar novedosamente al mismo, entendiéndolo básicamente como una tarea de indagación. Otros adscriben a dicha utilidad diferenciando niveles, aceptándola en las instancias de posgradosaunque admitiendo su dificultad de implementación en el grado.

En cuanto a las impugnaciones efectuadas a este tipo de articulación que optan por separar las tareas de docencia e investigación en distintos agentes académicos, advertimos que la cuestión referida a la diferencia conceptual entre ambas tareas que requieren habilidades y sobre todo tiempos y ámbitos distintos y la referida a la imposibilidad material –financiamiento siempre escaso, bajos salarios, dificultades organizativas, falta de recursos humanos y materiales en general– se presentan en recíproca incidencia, atento que en algunos trabajos es el previo posicionamiento teórico referido a la necesidad de distinción instrumental de las tareas de investigación y docencia, el que impugna cualquier intento de vinculación; mientras que en otros casos es el modo de articularlas pleno de limitaciones y carencias en contextos institucionales de restricciones presupuestarias el que aparece determinando la imposibilidad del establecimiento de tal enlace.

Definitivamente, la idea de transferencia hacia los estudiantes de contenidos novedosos y densos, producto de las prácticas académicas de investigación, no parece resultar tarea sencilla, como tampoco su traducción más o menos directa o inmediata a innovaciones curriculares que siempre se hallan mediadas por otros aspectos institucionales, culturales y políticos, de mayor complejidad[1]; y asimismo, las concepciones constructivistas del proceso de enseñanza-aprendizaje que conciben al mismo como una indagación próxima a procesos de producción de conocimientos, resultan antes interesantes proyectos que prácticas sistemáticas tangibles.

Por otra parte, aparece menos claro aún cuál sería la transferencia en sentido inverso, desde la docencia hacia la investigación, aparte de alguna referencia de los más optimistas a difusos hábitos y disciplina que en la tarea docente se cultivan y serían insumo útil para la investigación. Esta

---

[1] Ello puede verse en el caso del Plan de Estudios vigente en la Facultad de Derecho de la Universidad de Buenos Aires, que incluyó los Cursos de Promoción Orientados –CPO- en aras de una promovida especialización formativa, que constituyen oferta académica para los estudiantes del grado en forma de cursos bimestrales con soporte en o como producto de procesos de investigación que los docentes llevan adelante.

dificultad hace pensar que la incidencia, en caso de que sea tal, es unilateral, desde la investigación a la docencia (Vidal y Quintanilla, 2000), aunque debiéndose considerar, que en el caso de las universidades latinoamericanas en general y particularmente en nuestro país, existiría una suerte de aporte desde la docencia a la investigación, que reside en que la condición de docente es anterior cronológica y analíticamente a la de investigador, y por tanto transferiría a esta última las calidades efectivas y nominales, materiales y formales, que confiere la primera –tal parece ser el caso específico del campo del Derecho en las unidades académicas que tomamos de referencia–.

Parece no haber dudas, sin embargo, en cuanto a que los esenciales beneficios de una *articulación* de docencia e investigación de sentido *integracionista* quizás no se hallen en variables explícitas y operacionalizables, sino en lo que Neumann (1992, 1994) denomina incidencia "intangible", o Smeby (1998) "indirecta", para referir al modo de transferencia desde la investigación a la docencia de cierta reflexión de tipo epistemológico y posicionamientos críticos frente al conocimiento y su manipulación, supuestamente adquiridos en la primera de las tareas, que enriquece la segunda de ellas.

Pero además, y en segundo lugar, deben emerger las consideraciones referidas a los aspectos materiales de estructurar una *articulación* docencia-investigación *de integración*. Es decir, la cuestión del cómo, de las condiciones y los recursos –concretamente de los recursos de financiamiento del cuerpo docente– que se requieren para la *articulación* en cuestión. Coincidimos con Juan Carlos Tedesco (1971), en que cualquier proceso de reforma organizativa en la Educación Superior supone resolver previamente ciertos aspectos que lo viabilicen, como el de los recursos, de lo contrario cualquier transformación será superficial y momentánea.

En el caso particular de la *articulación* que estamos abordando, debe plantearse necesariamente atada a la relación entre investigación y recursos públicos como lo sugiere Sarlo (2001). Definitivamente, el planteo de la cuestión en abstracto, de modo academicista, resulta inconducente para aportar a la necesaria tarea de repensar la universidad y poner en marcha un modelo de institución productora de conocimientos.

En este orden, Egbert de Weert (2004) enfatiza que la cuestión tiene un eje medular en una adecuada estructura de incentivos a los docentes para que además investiguen, y en las expectativas puestas en las políticas educativas vigentes por parte de los agentes académicos.

En forma coincidente, Kerri-Lee Krause (2007) advierte que los formatos y disposición de financiamiento, especialmente los destinados a incentivos y remuneraciones de los agentes académicos, conspiran contra la articulación de ambas tareas si no se resuelven de manera satisfactoria y eficiente; y Perinat (2004) hace especial referencia a la necesidad de indagar previamente sobre las reales condiciones materiales para poner en marcha y para hacerlo de modo sostenido, los modelos que hemos denominado *de integración*.

a. Articulación docencia-investigación "de distinción"

Se trata de propuestas decididas a poner en cuestión la *articulación* "de integración", distinguiendo entre agentes académicos dedicados a la docencia y a la investigación –una u otra– e incluso de instituciones también dedicadas a una u otra actividad.

El punto de partida son los evidentes requerimientos diferenciados de la tarea de enseñanza y de la tarea de investigación.

Resulta muy claro Garritz Ruiz (1997) al efectuar el siguiente punteo de diferencias ostensibles entre las tareas de docencia e investigación, tanto en sus metas como en sus puntos de partida: la meta de la primera de ellas es impartir críticamente conocimientos establecidos, mientras que la meta de la segunda es descubrir nuevos conocimientos; el punto de partida de la docencia es el conocimiento que poseen los alumnos y el propio del docente, mientras que la investigación parte de conocimientos establecidos por la comunidad académica de referencia intentando despegarse de ellos en busca de algo nuevo.

Asimismo agrega que el perfil y la productividad que ambas tareas académicas requieren es bien diferenciado, y ejemplifica con la "habilidad de comunicar", deseable en un investigador pero imprescindible en un docente

Este autor habla de la inconveniencia de forzar la articulación en el nivel del grado, aunque admite alguna posibilidad en el posgrado en el que la relación del docente y el estudiante es de pares. Realiza una larga lista de inconvenientes y diferencias en igual sentido Felder (1994) entre las dos tareas, adscribiendo decididamente a una articulación "de distinción", afirmando "…la solución está en dejar vivir a los más investigadores y a los más docentes…" (pág. 8).

Efectivamente, junto con De Ibarrola (1994) y otros autores, se inscribe en la línea de textos que entienden que la articulación entre docencia e investigación constituye una cuestión que debe resolverse en el nivel individual, y que no debe imponerse a todos los agentes académicos de modo general, sino asumirse como responsabilidad institucional distinguiéndose dos trayectorias académicas diferenciadas para dos tipos de agentes académicos también diferentes.

Por otra parte, un grupo de trabajos de tono menos ensayístico, animados por la pretensión de derribar lo que denominan "mito persistente" (Hattie y Marsh, 1996) en referencia a la figura del "docente-investigador" –agente capaz nada más ni nada menos que de desarrollar unas prácticas tales que permitan integrar los procesos de producción de conocimiento y los de enseñanza y aprendizaje, y desempeñar ambas de modo eficiente y con calidad– impulsan investigaciones para estudiar la relación en sus propios términos, concluyendo que la declamada quintaesencia del académico, ganador del Premio Nobel y capaz de cautivar a un auditorio de pre-grado, constituye una excepción que está lejos de la norma, de acuerdo con las evidencias obtenidas (Baker, 1986).

En nuestro país podemos referir el trabajo de Silvia Coicaud (2008), en el que a partir del caso de la Universidad Nacional de la Patagonia San Juan Bosco, realiza un pormenorizado estudio sobre la investigación en la universidad, analizando la problemática de la producción de conocimiento, el contexto laboral de los docentes investigadores universitarios, sus prácticas y estrategias de supervivencia a partir de una encuesta realizada a los docentes de esa casa de estudios. En relación al punto más próximo a nuestra investigación, la articulación docencia-investigación, se pregunta: "…Cómo se distribuye el tiempo entre las dos tareas?, ¿cómo se articulan?, ¿qué relación hay entre lo que se debe enseñar por razones curriculares y lo que se investiga?, ¿cuál de las dos actividades recibe gratificación?..." (ob.cit. pág. 17).

b. Articulación docencia-investigación "de integración"

La idea de que docencia e investigación pueden desempeñarse de modo integrado por los agentes del sistema de Educación Superior, definitivamente porta con la ventaja de hallarse abonada por el sentido común y por cierta percepción generalizada en las comunidades académicas, tal como lo hemos dicho. Robertson adscribe al modelo "de integración", afirmando que la concepción de una universidad moderna descansa, al menos en parte, en la reivindicación de una "simbiótica" (sic) relación entre investigación y docencia de sus agentes académicos, y se manifiesta contraria a plantear los términos de la relación en forma dicotómica.

Vidal y Quintanilla (2000) por su parte, caracterizan a la relación docencia-investigación como "inevitable", expresando su desacuerdo con la idea de que trabajar en la universidad implique sólo enseñar. Sin embargo, este autor enfatiza que este modelo articulador "de integración" aparece relativizado por la idea de que la relación no es recíproca bidireccional sino que es unidireccional: una mejor investigación genera una mejor docencia, pero no a la inversa.

Por otra parte, existen algunos estudios que recorren los modelos organizacionales en la Educación Superior para ver de qué modo tales aspectos inciden en la relación docencia-investigación, como el de Egbert de Weert (2004) que apela a la necesidad de articularlas integradamente, aunque afirma el autor que la clave para que el modelo resulte exitoso lo constituyen las "estructuras de incentivos y las expectativas políticas, como atributos del sistema" (pág. 19), enfatizando que ambas tareas no deben presentarse como esfuerzos mutuamente excluyentes.

En esta misma línea Perinat (2004) se inclina por entender tal integración como la consecuencia de una opción personal; igualmente Gibbons, Limoges, Nowotny, Schwartzman,

Scout y Trow (1997) se refieren de manera más general a la necesidad de integrar educación, ciencia y tecnología; sin embargo todos alertan acerca de que las dificultades para lograr tal integración son excesivas.

Mesta Martínez y Espinosa Carabajal (2005) enuncian las razones por las que la relación docencia-investigación "de integración" se recrea a pesar de las innumerables dificultades que pueden considerarse: por un lado, que las inversiones en investigación se optimizan en el sistema universitario que tiene la infraestructura y los recursos humanos necesarios; por otro lado, el mayor reconocimiento que asume la docencia integrada con tareas de investigación; y por último, la proliferación de posgrados que requieren el despliegue conjunto de dicho binomio.

Neumann (1992, 1994) por su parte, se inscribe en el grupo de estudiosos del tema que hallan un efecto positivo en la integración entre docencia e investigación en modelos en que cada agente académico asume ambas tareas. Resulta particularmente interesante la distinción que introduce en relación a la forma de manifestarse esa articulación de ambas tareas académicas, que clasifica en: tangible, intangible y global. La primera de ellas es la que resulta más susceptible de mensuras, y conlleva la transmisión de conocimientos novedosos, avanzados, de calidad, a los estudiantes. De igual modo ciertas habilidades y procedimientos investigativos muy concretos. La segunda, apunta antes que a contenidos y procedimientos transmisibles de manera directa a actitudes y formas de posicionarse frente al conocimiento. Consiste el efecto positivo más valioso que la investigación puede aportar hacia la docencia. La última de ellas se refiere a la conexión de carácter institucional.

Otra línea argumental trabaja con la siguiente categorización teórica de la relación docencia-investigación: directa (cuando un docente aplica en clase resultados de investigaciones, o viceversa, cuando de la experiencia áulica extrae temas de investigación), e indirecta (cuando el aporte del docente que investiga consiste en mejorar la comprensión de la materia que dicta, o aporta a promover una actitud crítica frente al conocimiento), señalando que sólo la primera de ellas es relevada en la investigación informada, y que se trata de una relación menos significativa y menos compleja que la indirecta.

Finalmente, en este grupo incluimos los trabajos que en la última década estan problematizando la figura del docente-investigador desde el presupuesto de una articulación de tipo integracionista, a partir de la caracterización que efectúan Enríquez y Romero (2004) entre otros, distinguiendo tres modalidades: el docente-investigador que emplea la investigación como estrategia de enseñanza, el que recurre a la investigación como una estrategia de formación y desarrollo profesional, y el que se sirve de la investigación como estrategia de construcción de conocimiento científico.

3. Políticas institucionales de *articulación*

En relación a lo expuesto, podemos reconocer en las universidades argentinas dos formatos organizativos concretos de *articulación* docencia-investigación, como puesta en acción de políticas educativas de desarrollo de modelos de ciencia académica: las denominadas "Mayores Dedicaciones" de larga y no poco debatida existencia, y con antecedentes desde tiempos fundacionales; y el "Programa de Incentivos a Docentes-Investigadores" más novedoso, puesto en funcionamiento en el año 1993, pero no poco controvertido.

Uno y otro constituyen sistemas de recompensas materiales y simbólicas que forman parte de la valoración de los académicos respecto de su tarea, que inciden en su permanencia en la carrera académica y en su desempeño, y que constituyen los esenciales mecanismos de fomento y desarrollo de prácticas de producción de conocimiento en la universidad.

En el siguiente gráfico, vemos como se distribuyen Mayores Dedicaciones y Categorización en el Programa de Incentivos, en el total de las Universidades Nacionales del país:

	Total	Dedicación Exclusiva					Dedicación Semiexclusiva						Dedicación Simple					
		Total	I	II	III	IV	V	Total	I	II	III	IV	V	Total	I	II	III	IV	V
Total Universidades Nacionales	23.069	14.690	2.025	2.590	5.322	3.060	1.693	6.673	151	365	1.479	2.038	2.640	1.706	36	61	185	415	1.009
Buenos Aires	3.405	2.153	531	457	728	297	140	824	54	104	245	219	202	428	6	4	31	132	255
La Plata	2.478	1.461	281	259	494	282	145	633	12	26	149	200	246	384	4	17	27	87	249
Córdoba	2.008	1.098	196	204	354	212	132	792	14	44	160	224	350	118	1	3	8	29	77
Tucumán	1.688	1.044	114	188	390	250	102	596	7	25	133	215	216	48	3	4	16	9	16
Rosario	1.370	690	85	120	273	131	81	564	10	27	119	177	231	116	0	1	14	34	67
Litoral	936	589	104	106	231	104	44	231	4	14	69	83	61	116	4	6	27	26	53
Mar del Plata	893	608	94	130	239	111	34	204	6	9	57	77	55	81	5	5	7	13	51
Sur	844	642	116	98	236	135	57	115	1	2	21	38	53	87	0	0	0	17	70
Cuyo	811	502	73	103	176	89	61	281	10	11	78	78	104	28	3	4	5	4	12
San Luis	811	630	52	76	223	186	93	161	6	6	20	43	86	20	2	0	2	2	14
San Juan	805	556	37	100	198	150	71	249	1	9	56	92	91	0	0	0	0	0	0
Río Cuarto	776	607	30	90	228	181	78	166	1	9	21	63	72	3	0	0	0	0	3
Comahue	698	454	40	76	210	100	28	216	1	10	38	64	103	28	0	1	1	5	21
Centro de la PBA	641	539	41	81	194	131	92	102	5	3	24	33	37	0	0	0	0	0	0
Nordeste	524	444	36	89	162	103	54	53	0	5	7	20	21	27	0	0	0	7	20
Tecnológica Nacional	494	329	35	52	117	81	44	124	1	6	34	37	46	41	3	3	6	13	16
Salta	460	352	20	60	134	87	51	108	0	2	19	36	51	0	0	0	0	0	0
Catamarca	342	243	3	19	82	71	68	89	1	3	12	19	54	10	0	0	1	4	5
Misiones	325	167	16	42	71	26	12	151	0	6	31	51	63	7	0	0	3	0	4
La Pampa	290	174	8	30	87	35	14	111	0	4	23	53	31	5	0	1	2	1	1
Jujuy	275	154	7	29	48	42	28	99	2	4	15	23	55	22	0	2	8	3	9

Universidad																		
La Rioja	247	24	0	1	6	4	13	222	1	1	9	37	174	1	0	0	0	1
Patagonia S. J. Bosco	228	133	11	21	56	34	11	86	2	3	21	19	41	9	0	2	1	3
Quilmes	203	157	27	33	61	19	17	14	0	0	3	5	6	32	1	0	10	19
Luján	199	120	12	18	46	27	17	58	0	6	13	18	21	21	1	2	4	11
La Matanza	188	126	2	5	24	24	71	62	4	5	6	16	31	0	0	5	0	0
Entre Ríos	165	89	8	20	43	12	6	70	1	6	16	26	21	6	0	1	3	0
Gral. San Martín	151	122	19	24	46	16	17	13	2	1	5	4	1	16	0	1	2	3	10
Patagonia Austral	141	101	3	11	38	28	21	40	0	3	12	14	11	0	0	0	0	0
Gral. Sarmiento	114	95	8	11	35	18	23	15	0	2	5	1	7	4	0	1	1	2	0
Lomas de Zamora	103	67	1	14	18	15	19	27	0	4	8	3	12	9	0	3	0	3
Villa María	91	41	1	3	5	18	14	50	2	0	11	8	29	0	0	0	0	0
Formosa	87	45	0	6	20	12	7	42	0	0	5	14	23	0	0	0	0	0
Lanús	78	12	1	0	2	3	6	64	2	2	26	17	17	2	0	0	2	0	0
Río Negro	72	56	8	5	27	10	6	10	0	1	2	2	5	6	0	0	4	2
Chaco Austral	51	33	1	4	9	10	9	6	0	0	1	1	4	12	0	1	0	11
Tres de Febrero	36	20	2	3	8	3	4	16	1	2	2	6	5	0	0	0	0	0
Noroeste de la PBA	26	0	0	0	0	0	0	8	0	0	2	2	4	18	3	2	3	5
Chilecito	15	13	2	2	3	3	3	1	0	0	1	0	0	1	0	0	0	1
Santiago del Estero	---	---	---	---	---	---	---	---	---	---	---	---	---	---	---	---	---	---

Fuente: Anuario Estadístico del Ministerio de Educación de la Nación, 2014.

Ambos sistemas coincidiendo en la pretensión de desarrollo de un modelo de *articulación* docencia-investigación "de integración" del que parece emerger la figura del Docente-Investigador como arquetipo del académico que enseña e investiga en las Universidades Nacionales, pero con diferencias que entendemos sustanciales en cuanto al modo de pensarlo e instrumentarlo: el sistema de Mayores Dedicaciones constituye un modelo propio, altamente ponderado en las instituciones universitarias nacionales, con matices reglamentarios acordes a las particularidades de cada institución y contemplando las especificidades disciplinares, y que promueve la condición de investigador mediante políticas salariales; el Programa de Incentivos, por su parte, irrumpió en la década del noventa desde fuera del sistema, impuesto por el Poder Ejecutivo de modo inconsulto con la comunidad académica, uniforme para todas las universidades y campos disciplinares, y con incentivos monetarios de carácter no remunerativo –que por otra parte hicieron del pago a destiempo su práctica habitual, que rápidamente quedaron desactualizados en su monto, y que en la actualidad impiden pensarlos como un mecanismo de promoción de esos agentes académicos de calidad que un modelo "de integración" docencia-investigación requiere–.

En el presente trabajo, de acuerdo a lo ya expresado, asumimos que el campo disciplinar y la institución constituyen fuerza modeladora de las prácticas académicas en la Educación Superior, y por consecuencia de la *articulación* docencia-investigación que nos ocupa. Por ello, intentamos ver su funcionamiento en el campo del Derecho, campo que se configura con unas características muy particulares, en las que la tradición profesionalista de las instituciones académicas no puede no incidir en cualquier pretensión articuladora, debiendo resolverse aún la relación entre éstas y una significativa y sostenida producción de conocimiento que resulta necesaria y que todavía se halla en ciernes (Lista 2008; González 2008; Salanueva 2007, 2006, 1998; Dabove 2008; Kunz 2000; Gonzalez y Marano 2010; Kunz y Cardinaux 2004, 2006; Orler, 2011, 2007; entre otros); así como considerar el aporte de la impronta institucional, situando nuestro estudio en las dos Facultades que hemos tomado como referencia: la Facultad de Ciencias Jurídicas y Sociales de la UNLP y la Facultad de Derecho de la UBA, instituciones ambas que, decididamente abonadas a proyectos de desarrollo y fomento de la investigación, ven emerger la cuestión de la *articulación* como aspecto a resolver necesariamente tal como ha sido a lo largo su propio acontecer desde tiempos fundacionales, y muy especialmente en momentos históricos particulares en que la relación con la producción de conocimiento y la constitución de un proyecto de ciencia académica asumieron relevancia notable en esas Facultades, traccionados por los proyectos institucionales universitarios de los que formaron parte, generándose en torno a ella innumerables y ricos debates y disputas, y procesos decisorios distintivos que intentaremos develar.

a. Políticas institucionales nativas: las Mayores Dedicaciones

Desde los primeros años de 1900, cuando La Plata y Buenos Aires empezaban a consolidar sus universidades que habían venido a secundar a la primigenia de Córdoba, la idea de que para hacer posible una institución de Educación Superior de carácter científico se requería algún tipo de régimen u organización que implicara la dedicación de sus agentes de manera exclusiva a las tareas académicas, estaba ya bastante arraigada.

En La Plata, en los primeros años de la Universidad Nacional por impulso de su fundador, empeñado en desarrollar una cultura científico-académica en la nueva casa de estudio, encontramos experiencias embrionarias de instrumentación de Mayores Dedicaciones para la investigación, por ejemplo en el Museo de La Plata, que se integró a la Universidad como Instituto de Investigaciones y Ciencias Naturales, que contaba en su planta con particulares agentes académicos cuya función oscilaba entre un cargo docente y un empleo técnico de director de laboratorio –*articulación* "de integración" decimos– que en la acumulación de ambas rentas devenían dedicados exclusivamente a la Universidad. También con investigadores puros, en su mayoría extranjeros contratados de cierta relevancia internacional, que llegaban a hacerse cargo full time de las tareas en los laboratorios, generando de este modo una *articulación* "de distinción"[2].

Desde arcos del pensamiento y acción académica quizás distantes, el fundador de la Universidad Nacional de La Plata, Joaquín V. Gonzalez, y

---

[2] Susana García (2010) desarrolla acabadamente esta experiencia en su trabajo "*Formación científica e investigación académica: el Museo de La Plata en el contexto universitario de principios del siglo XX*".

el más tarde Premio Nobel de Medicina, Bernardo Houssay, sostenían esta idea, y la propia designación de este último en la Cátedra de Fisiología de la Facultad de Medicina de la UBA en 1919 –se trataba de la elección de un "investigador"– constituyó una ruptura (Buch, 1995, 1996, 2006; Foglia 1981; entre otros) respecto de la jerarquización de esta actividad en relación a la tradición "profesionalista" representada en esa ocasión por el también postulante para ese cargo en la Cátedra, Dr. Frank Soler[3], que se completó con la fundación del Instituto de Fisiología cuya dirección asumiría Houssay, y en lo que nos interesa, con la creación del primer cargo de Dedicación Exclusiva de la Universidad de Buenos Aires[4].

Efectivamente, por solicitud del propio Houssay, el Consejo Directivo de la Facultad de Ciencias Médicas resolvió a comienzos de 1920 que los cargos de Titular de la Cátedra de Fisiología y Director del Instituto de Fisiología serían incompatibles con cualquier otro empleo, estableciendo en compensación un suplemento en los salarios percibidos por la labor docente, correspondientes a las tareas de investigación y dirección del Instituto.

Esta temprana experiencia, sin embargo, adoleció de perfiles difusos, propios de un momento histórico en el que las dedicaciones "full time" o "dedicaciones exclusivas"[5] formaban parte de la agenda de las discusiones universitarias en su aspecto conceptual, pero respecto de las cuales aún había mucho por recorrer y lo hubo en lo relativo a instrumentación, reglamentación, y alcances.

Por un lado, las incompatibilidades al Titular y Director asumían un carácter meramente formal, no hacían alusión alguna a la actividad profesional privada que resultaba excluida de tal incompatibilidad, tampoco establecía sanciones para el caso de su violación, y su redacción dio lugar a interpretaciones divergentes; por otro lado, la extensión de esas incompatibilidades a los encargados de cursos experimentales que pretendió Houssay sin dudas con la idea de conformar un equipo de investigadores

---

[3] La elección fue de la mayor relevancia, con trascendencia en la prensa y no pocas disputas y enfrentamientos explícitos entre los dos candidatos que se extendieron en el campo de la Fisiología por las siguientes décadas. El Dr. Soler luego fue titular de esa misma cátedra en la UNLP.

[4] Contra lo que sostiene Alfonso Buch en sus trabajos citados, y algún otro autor, el inicio de esta modalidad en la Argentina data del primer decenio de mil novecientos en la recientemente creada Universidad Nacional de La Plata.

[5] Se utilizaban impropiamente estos conceptos como sinónimos. El concepto "Mayores Dedicaciones" se acuñó posteriormente en tiempos de la reforma estatutaria de 1958 en la UBA. Volveremos sobre ello.

dedicados por completo a la academia no tuvo eco en los propios destinatarios, que no la acataron, y un año después fue derogada.

Esta tentativa precursora que Houssay definía sencillamente como *"abandono por completo de otras tareas profesionales"* a partir de entender que *"no es posible que la Universidad se desentienda de los problemas científicos"* (Lección Inaugural del Instituto de Fisiología, 1920) desencadenó innumerables interpretaciones y discusiones[6], en las que *"...el lugar de la docencia y los valores a ella ligados se manifestaron en puja con las condiciones y capacidades ligadas a las prácticas de investigación..."* (Buch, 1986, pág. 4).

En aquel contexto académico, el Consejo Directivo de la Facultad de Ciencias Médicas, la Comisión de Interpretación y Reglamento, el Consejo Superior de la Universidad de Buenos Aires, sumados a otros actores institucionales poderosos en aquellos tiempos como el Círculo Médico Argentino y el Centro de Estudiantes de Medicina de la Asociación Nacional del Profesorado, y hasta los periódicos Crítica y La Razón, contribuyeron a construir el discurso de las *Dedicaciones* en múltiples matices y debates no tan alejados de los actuales: dedicación full time a la enseñanza y a la investigación, dedicación full time a la enseñanza o a la investigación resaltamos el "o" disyuntivo, dedicación full time a la enseñanza los primeros diez o veinte años de carrera académica y luego pasar a dedicarse full time a la investigación, dedicación full time para los docentes de materias básicas pero no en la materias aplicadas en las que sería contraproducente, dedicación full time especialmente para los Auxiliares Docentes, dedicación full time pero sin incompatibilidad si no existieran incompatibilidades horarias esencialmente cuando se trataba de acumular cargos docentes, o si se trataba del dictado de las mismas asignaturas en distintas instituciones (las repeticiones de apellidos docentes entre UBA y UNLP eran proverbiales); propuestas y consideraciones acompañadas siempre y en todos los casos de la referencia al monto significativo de las remuneraciones que deberían sostener este modelo, tal como el propio Decano de la Facultad de Ciencias Médicas, Dr. Alfredo Lanari, expresara en relación al salario de Houssay: *"...parecían, comparativamente con*

---

[6] Tal el caso del encargado del curso de Física Biológica, Virgilio Tedeschi, quien daba clases en colegios secundarios y también era Auxiliar de Enseñanza en la UNLP, y enfrentó legalmente las restricciones de incompatibilidad hasta que fue suspendido. Su cercanía a Frank Soler (derrotado por Houssay en la disputa por la Cátedra de Fisiología unos años antes), de quien fue Jefe de Trabajos Prácticos, quizás no es un dato irrelevante.

las demás cátedras, excesivos, aunque en realidad eran indispensables para poder exigirles el maximun de rendimiento..." (Acta del Consejo Directivo de la Facultad de Medicina del 19/10/1920, Buch, ob. cit.).

En las décadas subsiguientes en los períodos de vigencia democrática de las instituciones del país y de la universidad la cuestión relativa a las Mayores Dedicaciones fue multiplicando aristas y profundizándose, y afianzando tanto en sus versiones mas rigurosas como en las mas laxas su carácter de régimen "nativo", propio de las culturas académicas en desarrollo.

En la Universidad de Buenos Aires, el particular período que con la Asamblea de 1958 se inicia, como expresión institucionalizada del intento de consolidar un proceso de producción científica universitaria, tuvo entre uno de sus tópicos centrales a las Mayores Dedicaciones así llamadas a partir de ese momento, en alusión a un desdoblamiento de la Dedicación Exclusiva que dio lugar a la "Dedicación Semi-Exclusiva", impuesto por el ingenio componedor de sus impulsores.

El Rector de entonces Risieri Frondizi, electo en 1957 en plena restitución y despliegue de la Universidad Reformista, fue quien encabezó el ambicioso proceso de transformación decidido a estrechar la distancia entre la institución que presidía y la producción científica, manifestando expresamente la necesidad de "...*separar por completo en todos los casos la tarea de los investigadores de la docencia, creando en ese sentido carreras equivalentes para conseguir el fin que persigue la investigación pura...*" (Risieri Frondizi, 1957), respecto de la cual presentó su propio proyecto a la consideración del Consejo Superior[7].

Risieri Frondizi se inclinó decididamente por un tipo de *articulación* docencia-investigación "de distinción" con fundamento en lo disímil de ambas ocupaciones, y con pretensión de estructurar dos carreras académicas diferenciadas aunque equivalentes, en el marco de una *dedicación exclusiva* generalizada de los agentes académicos –"normal" decía–, del que sólo excepcionalmente alguien podría sustraerse. Asimismo, preveía tal régimen de "dedicación exclusiva" tanto para Profesores como para Jefes de Trabajos Prácticos y Auxiliares, sugiriendo además conciente del contexto en el que se hallaba, que la normativa que lo reglamentara debería ser imperativa, pues de tratarse sólo de una recomendación no tendría efectividad.

---

[7] Las sesiones del Consejo Superior del 11/1; 25/1; y 5/2 de 1958 abordaron particularmente el debate del tema, y su lectura resulta reveladora e ilustrativa.

Sin embargo, la inevitable dialéctica histórica entre lo intentado y lo concretado se puso de manifiesto también en esa oportunidad, determinada por la dinámica institucional representada en diversidades disciplinares y la amplia constelación de prácticas académicas que la componían. La fórmula finalmente aprobada debió ceder en rigurosidad a fin de contener intereses y requerimientos de las tradiciones "profesionalistas"[8], dando lugar a esa "designación elíptica" (Prego y Vallejos, 2010) que son las Dedicaciones Semiexclusivas que, como prescribe el Estatuto en su art. 29, estan previstas contemplando ese aspecto: *"El régimen de dedicación semiexclusiva se aplica en las disciplinas que por su índole requieren de un régimen similar al previsto en el artículo anterior pero menos restrictivo que el de la dedicación exclusiva"*, complementado por el art. 30 que legisla la dedicación Parcial *"…para quienes por la índole de su profesión, desarrollan sus investigaciones y su práctica profesional fuera de la universidad"*; y a una modalidad de *articulación docencia-investigación* "de integración", cuya pretensión fue producir un agente académico que dé clases e investigue.

En cualquier caso incluso con fórmulas y regímenes diluidos se trató de la aparición de "posiciones ocupacionales de tiempo completo en la universidad" (Ben David, 1971) de modo sistemático y aportando a la configuración de una "profesionalización" de la labor académica que comenzaba a emerger (Prego, ob.cit.; Halperin Donghi, 1962, entre otros) en forma conjunta con la expansión de la planta de docente[9], a partir de la más clara y absoluta convicción por parte de quienes protagonizaron tales transformaciones, de que las mismas constituían el presupuesto indispensable de una Universidad orientada a la investigación.

"La universidad tiende a que la dedicación exclusiva y la dedicación semiexclusiva sean el régimen normal de trabajo del personal docente" dice el artículo 26 in fine, del Estatuto de 1958 de la Universidad de Buenos Aires, que en los siguientes artículos hasta el 33 regula las tres dedicaciones al trabajo académico con que la institución finalmente estructuró el desempeño docente: Exclusiva, Semi-Exclusiva y Simple.

---

[8] Representadas en los debates del Consejo Superior del período por las Facultades de Medicina, Arquitectura y Derecho, frente a la "cientificista" Ciencias Exactas.
[9] Las Dedicaciones Exclusivas en la Universidad, a diciembre de 1956, eran 12; al finalizar la gestión rectoral de Risieri Frondizi habían ascendido a 578, correspondiendo 399 a Auxiliares, y 179 a Profesores.

Encuentra sus antecedentes más próximos en la Ley Universitaria de 1947, aunque no legisladas de modo general, sino limitadas a algunas cátedras que se designarían al efecto; y más tímidamente en el Estatuto de la UBA de 1932 en donde se hablaba de propender a un cuerpo docente "dedicado por completo a la labor académica".

Sin embargo, el debate por las Mayores Dedicaciones no estuvo siempre ni necesariamente motivado en las necesidades impuestas por el desarrollo de la investigación, sino que hubo quienes lo vincularon exclusivamente a las tareas de enseñanza, y también en no pocas oportunidades a ciertas necesidades de reconocimiento salarial para tareas de gestión, como en el caso de las dos Facultades de Derecho que tomamos de referencia. Particularmente, en ellas fue donde el proyecto tuvo mayores resistencias, así como en otras facultades de tradición profesionalista, en las que la dedicación a la vida académica constituía en palabras del Dr. Florencio Escardó decano de la Facultad de Medicina "...*un fácil accesorio de una profesión fructífera...*" (Escardó, 1958).

Es justamente el caso del campo del Derecho, donde la tarea académica aparece adornando el desempeño en la profesión que asume centralidad material y simbólica en la conformación del operador jurídico, esencialmente sustentada aquella en parámetros de éxito construidos en esta última.

Por otra parte, en las universidades argentinas y especialmente en estas Facultades de Derecho, el aumento de la matrícula estudiantil en contextos de restricción presupuestaria, particularmente en algunos períodos, dió lugar a la expansión de los cargos de Dedicación Simple, dado que las Mayores Dedicaciones no conllevan mayor carga horaria para desarrollar tareas de enseñanza frente a los cursos que hay que atender, y que las mismas –como particularmente las Dedicaciones Exclusivas– al año 1999 quintuplicaban el valor de remuneración de la Dedicación Simple[10]. La ecuación en consecuencia era sencilla: una Dedicación Exclusiva equivalía a cinco Simples necesarias para dar respuesta a la enseñanza y la masividad estudiantil. El resultado directo fue un debilitamiento de la *articulación* docencia-investigación y la profundización en los hechos del perfil profesionalista de la universidad.

El Consejo Nacional de Educación Superior en constitución relevante con académicos de la talla de Abbate, Agulla, Klimovsky, Mignone, entre

---

[10] Montos considerados sin antigüedad.

otros en su Décimo Dictámen para la Secretaría de Políticas Universitarias del Ministerio de Cultura y Educación[11], desarrolla el concepto de "Dedicación Exclusiva" definiéndolo como: "...*un sistema de compromiso personal, responsable, jurídico y ético por el cual todo el esfuerzo se concentra en una sola actividad, dedicando a ella todo el tiempo disponible...*" afirmando además que "...*se puede decir que todas las variantes de esta noción son subterfugios para no cumplirla...*" (pág. 1), completando de modo categórico que "...*se vuelve factible sólo cuando existe reciprocidad de obligaciones con el entorno institucional que lo exige...*" y solo viable "...*con una retribución acorde a las exigencias...*" (pág. 2).

En este sentido, señala que en el caso de la Universidad la tarea es "multifacética": "...*1) crear (Investigación y Desarrollo); 2) enseñar (docencia); 3) interactuar con la sociedad (Difusión y Transferencia); 4) promover (comisiones asesoras); 5) organizar y dirigir (Gestión); 6) estudiar (para poder cumplir todas las anteriores con fundamento y permanente actualización)...*" (pág. 2), pero advierte "...*nadie puede negar que, para un profesor adecuadamente calificado aun con el agregado del incentivo a los docentes-investigadores, la retribución actual es, para decir lo menos, indigna...*" (pág. 5).

El informe, que ensaya una poco feliz "propuesta de solución" creando una nueva figura denominada "Dedicación Plena", se explaya en lo que puede leerse como un diagnóstico del estado de situación de las Dedicaciones Exclusivas en la Universidad argentina, apuntando que la emigración del personal académico calificado –que a la fecha del informe afirman, no se ha desacelerado–, el desistimiento de someterse a un régimen de Dedicación Exclusiva por parte de los Académicos que buscan en la actividad privada fuentes de ingresos más significativas, la relajación del concepto por parte tanto de los académicos para conseguir ingresos adicionales como por parte de las propias instituciones que flexibilizan el nivel de exigencias debido, básicamente, a los bajos salarios del personal docente, contribuyen a la pérdida del concepto riguroso de Dedicación Exclusiva, lo que constituye "*un factor gravemente negativo en el desenvolvimiento de la vida universitaria*" (pág. 6).

Concluye expresando que "*Salario digno y reconocimiento social son dos condiciones necesarias para el razonable y justo desempeño de la dedicación exclusiva*", y que "...*la universidad debe además proveer al*

---

[11] Dictamen del 12 de junio de 1998.

docente-investigador la infraestructura y los medios que le permitan llevar a cabo el plan de trabajo correspondiente a una vida universitaria desarrollada en plenitud..." (pág. 7).

Tales definiciones conceptuales del régimen de Mayores Dedicaciones de las Universidades Nacionales se hacen operativas con la regulación de dos variables paralelas: el *tiempo* dedicado a las tareas académicas, y las *incompatibilidades* de las mismas con otras tareas, tanto en el ámbito privado cuanto acumulación de cargos públicos, y aún dentro del sistema universitario.

La legislación que las determina y regula es dispersa y fluctuante, y manifiesta los perfiles indefinidos que adopta la puja entre el Ministerio de Educación de la Nación y los gremios docentes, el Consejo Interuniversitario Nacional y los gremios docentes, las Universidades Nacionales y esos mismos gremios docentes, y entre el Ministerio y las Universidades, en disputas a las que subyace la puesta en juego del principio de "autonomía universitaria" el que ha sido reconocido de modo pleno por parte del Poder Ejecutivo en lo que hace al régimen salarial docente[12].

De este modo se superponen tensiones manifestadas en la esfera nacional con particulares legislaciones de cada institución presentes en normas estatutarias y en sus reglamentaciones que en el caso de la Universidad Nacional de La Plata se plasman en la aún vigente Ordenanza 164/85 que legisla el *"Régimen de Dedicaciones y Compatibilidades"*; y en el caso de la Universidad de Buenos Aires el *"Régimen de Dedicación Exclusiva, semiexclusiva y parcial"* y sus modificatorias, y el *"Programa de incremento de los cargos con dedicación exclusiva y semiexclusiva"*.

El régimen de la UNLP data del año 1985 con algunas modificaciones parciales y adecuación al nuevo Estatuto del año 2008, estableciendo cuatro tipos de Dedicación: Exclusiva, de Tiempo Completo, Parcial, y Simple o por Cátedra, con las que se aparta del standard que a partir del modelo de la UBA se halla generalizado en las universidades nacionales, que reconoce sólo tres modalidades de Dedicación a la actividad docente (sin incluir la de "Tiempo Completo").

El régimen de la UBA, plasmado en el Estatuto y actualizada su reglamentación en el año 2009, legislado con una Resolución derogatoria de reglamentaciones anteriores y tres Anexos, uno por cada modalidad

---

[12] El art. 59 de la Ley de Educación Superior 24.521 enumera entre las facultades/deberes de las instituciones universitarias nacionales "...*b) Fijar su régimen salarial y de administración de personal*".

de Dedicación, establece las Dedicaciones: Exclusiva, Semi-exclusiva y Parcial.

En ambas instituciones se legisla su otorgamiento por los Consejos Directivos de las Facultades, por concurso o de forma directa con mayorías especiales, y con la presentación de un Plan de Trabajo, y se establece un régimen de Declaraciones Juradas de actividades, e Informes de labor bianuales cuyo contenido mínimo fija cada unidad académica a partir de pautas generales establecidas por el Consejo Superior.

La UNLP en relación a la variable "tiempo" en el régimen de Mayores Dedicaciones establece que las tareas *"docentes, de investigación básica, aplicada, tecnológica, social, artística y/o extensión"* –tal la fórmula utilizada, en la que todas las tareas que complementan la docencia strictu sensu son objeto de promoción por parte del régimen de Mayores Dedicaciones, que sin embargo establece una excepción a la Dedicación Parcial que puede otorgarse sólo para tareas docentes, previa autorización del Consejo Directivo de la Facultad correspondiente– deben desarrollarse durante un mínimo de 40 horas, de 30 horas, de 20 horas, y de 9 horas semanales, respectivamente para cada Dedicación.

La UBA por su parte, determina 40, 20 y 10 horas semanales respectivamente para las tres Dedicaciones reconocidas.

La variable "incompatibilidades" en el régimen de Mayores Dedicaciones regula algunos aspectos generales comunes como la básica prohibición de superposición horaria entre las tareas desempeñadas y plazos mínimos de tiempo entre una y otra según la distancia existente entre los ámbitos físicos en que se desarrollan; y a partir de allí las dos casas de estudio asumen diferentes formatos análogos en lo sustancial, aunque bastante más flexible en el caso de la UBA, estableciendo la UNLP un peculiar sistema por el que se asignan puntos para cada Dedicación y para ciertas actividades, rentadas o no, –docencia secundaria, ejercicio profesional, asesoramiento técnico o científico al sector estatal o privado, en relación de dependencia o contratos de locación de obra, etc.– fijándose en 5 puntos el límite máximo acumulable.

La UBA por su parte, en una regulación en que la variable *incompatibilidades* parece diluirse en la variable *tiempo*, dispone que no podrán acumularse cargos rentados cuyo cumplimiento exceda las 50 horas semanales excluyendo tácitamente de las incompatibilidades los cargos ad honorem, que podrán extenderse a 55 horas si uno de los cargos desempeñados es no-docente.

Ajeno a neologismos tales como "no bonificable" o "no remunerativo", establece un formato de relación laboral con los agentes académicos en que se incentivan las tareas que exceden la docencia no sólo investigación, sino también extensión[13] y gestión, mediante sumas de carácter salarial.

El sistema de Mayores Dedicaciones constituye un modo de *articulación* del binomio docencia-investigación de raigambre en el sistema universitario argentino, pensado, regulado y administrado por la propia comunidad académica y con la flexibilidad necesaria que ciertas tradiciones disciplinares requieren, que a lo largo del siglo pasado y hasta nuestros días se ha desarrollado con sus matices y claroscuros, sobre todo en contextos de restricciones presupuestarias de la Educación Superior, pero que constituye un verdadero "sistema" de construcción de la profesión académica imprescindible en las estrategias de consolidación de formas "de integración" entre las dos tareas.

b. Políticas institucionales exógenas: el Programa de Incentivos

El Programa de Incentivos a Docentes-Investigadores (PI) de la Secretaría de Políticas Universitarias del Ministerio de Educación de la Nación fue creado por Decreto 2427/93 del Poder Ejecutivo Nacional, con el objetivo de establecer un sistema de incentivos a los docentes que realicen actividades de investigación en las universidades públicas.

De modo relevante en relación a nuestro objeto de estudio, de acuerdo a lo ya dicho, constituye una tentativa sin precedentes por su carácter nacional, uniforme para todo el sistema de Educación Superior y esencialmente exógeno al mismo de concretar una forma de *articulación* entre las actividades de docencia e investigación por parte de los agentes académicos, en un modelo de los que catalogamos como *de integración*.

---

[13] Los estatutos de ambas instituciones, la UNLP y la UBA, y sus regulaciones específicas de las Mayores Dedicaciones preveen las tareas de Extensión Universitaria como integrantes de la mayor labor asignada. La Facultad de Ciencias Jurídicas y Sociales de la UNLP ha llamado por primera vez a concurso de Mayores Dedicaciones para tareas de Extensión Universitaria, sustanciándose los mismos en abril 2014 (Resoluciones del HCD 161/12 y 71/13).

Así surge de su propia declaración de objetivos: "...*Incentivar en las universidades nacionales las tareas de investigación y desarrollo integradas a la docencia, contribuyendo a promover la actividad científica, tecnológica y de transferencia al medio...*" y también "...*contribuir a la excelencia en la formación de los egresados...*" (Pág. Web de la Secretaría de Políticas Universitarias del Ministerio de Educación), con especial referencia, en lo que nos interesa, a la *integración* de tareas de investigación y docencia.

Reconoce un doble propósito: por un lado constituirse en instrumento destinado a potenciar las actividades de investigación en las Universidades argentinas que cuentan con un cuerpo docente dedicado casi exclusivamente a las tareas de enseñanza; por otro, promover labores docentes en quienes desarrollan su carrera de investigadores en otros organismos –CONICET por ejemplo–, y no estaban afectados a las mismas.

La constitución de la figura del docente-investigador resulta un objetivo explicitado del PI. Cristina Palacios (1999, 2003), ex coordinadora del Programa, afirma la necesidad de superar el manifiesto divorcio entre la docencia y la investigación que las universidades mostraban a comienzos de la década de los noventa, y expresa que es un objetivo del Programa generar "condiciones favorables" para que los docentes se incorporen a tareas de investigación, informando que tan sólo el 11 % de los docentes de las Universidades Públicas realizaban tareas de investigación antes de la puesta en marcha del PI.

En la actualidad, las estadísticas publicadas por la SPU para el año 2011[14] indican que ha ascendido al 28 % el total de docentes de Universidades Nacionales públicas que realizan investigación participando del PI 31.314 docentes de los cuales un 46 % corresponde a docentes-investigadores "en formación inicial" Categorías IV y V, un 31 % "en formación superior" Categoría III, y tan sólo un 23 % de docentes-investigadores "formados" Categorías I y II.

Sin embargo, debe tenerse presente que más de 8.000 de esos docentes categorizados que representan el 26,33 %, no perciben incentivo alguno, siendo el número de docentes que efectivamente perciben el incentivo de 23.069.

Por otra parte, esta cifra, considerada en su evolución a lo largo del desarrollo del Programa de Incentivos hasta la fecha ha registrado muy poca variación, incorporándose apenas un 10 % más de docentes al cobro

---

[14] La información disponible más actualizada corresponde al año 2014.

en el año 2010: durante el decenio 2001-2010 se registra un aumento de 3.500 o 3.000 docentes según se tome el inicio del mismo (año 2001) o el momento en que tuvo sus niveles más altos (año 2006 y 2007), que representan aproximadamente un 10 % del total de docentes que perciben el incentivo, evidenciando la rigidez y falta de movilidad del sistema, tal como se observa en la gráfica de barras siguiente:

Elaboración propia a partir del Anuario Estadístico del Ministerio de Educación, 2011.

En cuanto a sus presupuestos y esquema organizativo, constituye la versión local del programa de modernización de la Educación Superior promovido por el Banco Mundial, y de la instrumentación en el ámbito de la investigación de las lógicas del "Estado Evaluador", del cual constituye un genuino producto (Suasnábar, 1999; Paviglianiti y otros, 1996).

Se trata de un programa instrumentado desde y por la Secretaría de Políticas Universitarias, impuesto al sistema universitario desde el Poder Ejecutivo (Coicaud, 2008; Araujo, 2003; entre otros) que asume mediante el mismo una incidencia central en las políticas de investigación, para cuyo desarrollo las propias instituciones del sistema han quedado sustancialmente disminuidas por lo pronto y en lo estrictamente económico, casi un 15 % del presupuesto total de la Educación Superior es asignado a través de los denominados "Programas Especiales" puestos en marcha por el Ministerio de Educación, siendo el PI uno de ellos.

Aún con variantes y modificaciones reglamentarias desde su inicio en 1993 hasta la fecha, tiene sustento en tres ejes centrales que le dan estructura e identidad: 1) la evaluación del desempeño; 2) la rendición de cuentas; 3) la remuneración diferenciada (Araujo, 2003).

Efectivamente, en primer lugar la evaluación de los docentes y su desempeño académico por pares integrados en Comisiones Evaluadoras la categorización y otorgamiento de las denominadas "Categorías Equivalentes de Investigación" en relación con tal evaluación, la remuneración por las actividades de investigación también sujeta a evaluación que de ser negativa trae como consecuencia la pérdida del incentivo, etc.; en segundo lugar, el establecimiento de mecanismos de "accountability" o rendición de cuentas mediante informes de avance y finales; y en tercer lugar el acceso a una remuneración en forma de plus que pretende ser un incentivo para la producción en investigación lo reciben tan sólo algunos de los docentes categorizados, de acuerdo con los requisitos exigidos por el sistema, de forma estratificada según categoría con carácter "no remunerativo" y "no bonificable" Albornoz y Ferraro (2002) afirman que no obstante ello, la percepción de los académicos es que se trata de una recomposición salarial y abonado habitualmente con atrasos proverbiales que allá por el año 2003 le hacían decir a Sonia Araujo que se trata de un Programa de Incentivos "*sin incentivos*" o "*con incentivos diferidos*" (ob. cit.).

En este último aspecto, Marcelo Prati (2003) en su estudio de políticas públicas sobre investigación, afirma que tan sólo en el período 1993-1999, el PI tuvo un "funcionamiento normal"; en sentido análogo Perez Lindo (ob.cit.) apunta que tan sólo hasta el año 2000 tuvo cierta regularidad, aunque destaca los esfuerzos realizados a partir del 2004 para regularizar pagos y corregir su implementación[15].

Sebastián Varela (2011) apunta que se trata de una concepción del trabajo académico sin precedentes, en que se vincula remuneración con productividad; sin embargo, es necesario tener presente que dado los requisitos exigidos por la normativa, por un lado, no todos los docentes

---

[15] El PI se puso en marcha, como hemos dicho, con un préstamo del Banco Mundial, y a partir del año 2003 se decidió asumir su continuidad con recursos del Tesoro Nacional.

categorizados cobran el incentivo a la investigación, sino tan sólo una parte de ellos un buen número de docentes llevan tantos años categorizados y con producción relevante como existencia tiene el Programa y nunca percibieron el incentivo; y por otro lado, la estructura diferenciada piramidal que se traduce en también diferenciados montos, hace que la mayor parte del presupuesto destinado a incentivos vaya al sector de investigadores de elite que constituyen las categorías I y II, y que la mayoría cobre montos actualmente irrisorios.

La Comisión Nacional para el mejoramiento de la Educación Superior ha expresado en su informe de 2002 algunas críticas que nos parecen acertadas. En primer lugar, advierte acerca de que el programa representa en la percepción de los agentes académicos una vía de incremento salarial más que un estimulo para fortalecer la investigación, en segundo lugar, afirma que el programa reproduce desigualdades y distorsiones preexistentes en el sistema universitario, reforzando los ingresos de quienes ya tienen una posición consolidada.

Al respecto, Follari (ob.cit.) menciona lo que Robert Merton (1968) llamó "efecto Mateo"[16], para referirse al incremento y fortalecimiento de aquellos sectores académicos que ya venían desarrollando producción de conocimiento de modo habitual y consistente y son los que efectivamente se hallan en condiciones de aprovechar y competir con ventajas comparativas por los fondos y programas concursables, en detrimento de áreas académicas débiles en ese aspecto, contribuyendo de este modo el PI, contra sus objetivos explícitos, a ampliar la brecha entre unos y otros.

El monto de incentivo a percibir por cada docente se estima en relación de un "valor índice" definido según la cantidad de beneficiarios en cada año primero se define el monto asignado al Programa y luego se reparte entre quienes se hallen en condiciones reglamentarias de cobrar; la dedicación debe tenerse Dedicación Exclusiva o Semi-Exclusiva, y excepcionalmente los docentes-investigadores con Dedicación Simple[17]; y la categoría correspondiente al PI[18].

---

[16] En referencia a la cita bíblica de San Mateo: "...*al que más tiene más se le dará, y al que menos tiene se le quitará para dárselo al que más tiene...*" (Mt. Cap. 25, Vers. 29)

[17] Inicialmente los Docentes con Dedicación Simple estuvieron excluidos y en los sucesivos cambios reglamentarios fueron agregados según reunieran determinadas condiciones.

[18] Desde el gremio docente CONADU los reclamos fueron múltiples, sobre todo en relación a que no se excluya del pago del incentivo a los docentes-investigadores con Dedicación Simple. (Pagina12 del 13/07/2004, entre otros. En esa nota, Daniel Paz ilustra un diálogo entre dos docentes: "*La asignación para docentes-investigadores será equiparada a la justicia*"; ¿con la de

Sonia Araujo enumera como efectos esperados del PI: el desarrollo integrado de la carrera académica, el aumento de la participación del profesorado universitario en actividades de investigación científica y tecnológica, la recuperación del papel de la universidad en la investigación científica, el fomento de la reconversión de la planta docente motivando una mayor dedicación a la actividad universitaria, el fomento de la creación de grupos de investigación, la utilización del incentivo como una asignación presupuestaria en función de programas específicos que favorezcan el rendimiento del trabajo académico (ob.cit.).

Palacios y Curti (1998) enumeran: la revalorización de la investigación en las universidades y con ello la distribución del presupuesto universitario destinado a investigación en base a "indicadores objetivos", la expansión de la gestión de la investigación en las universidades, la creación y funcionamiento del sistema de evaluación, aumento de becarios y de investigadores en formación, promoción de la formación de equipos de investigación un porcentaje muy bajo lo constituyen los proyectos unipersonales, mientras que el promedio de integrantes por proyecto era de tres al año 1998, y todo indica que al momento se mantienen esas proporciones, acercamiento entre organismos dedicados a la investigación y las universidades nacionales los proyectos de investigación aplicada en relación a la Emergencia Hídrica en La Plata y región, actualmente en desarrollo, convocados y financiados en conjunto entre UNLP y CONICET son un ejemplo de ello, aumento del número de publicaciones y participación en Congresos.

La propia SPU por su parte, enuncia como efectos positivos "logros" el aumento cuantitativo de la producción en investigación en las universidades al año 2011 se registran 7.552 proyectos de investigación especialmente en aquellas disciplinas de tradición más "profesionalista", que son las que manifiestan la mayor expansión, y la instauración de una "cultura evaluadora" en el ámbito de la investigación (Palacios y Curti,

---

un juez?; No, con la justicia...va a ser para pocos y va a llegar tarde). Ante esos reclamos el Secretario de Políticas Universitarias de ese momento, Juan Carlos Pugliese, fundamentó que el PI no se trata de una recomposición salarial universal, sino un incentivo a la realización de determinadas tareas de investigación que no se espera que los Docentes con Dedicación Simple cumplan, pero anunció que las Dedicaciones Exclusivas en el sistema universitario nacional se duplicarían para el año 2008 de unas casi 10.000 existentes se llegaría a unas casi 20.000; unos meses antes (Pagina12 20/05/2004 entre otros) el propio presidente Nestor Kirchner y el Ministro de Educación Daniel Filmus habían lanzado el *Programa de Estímulo a la Dedicación Docente* afirmando que para el 2008 el 40 % de los docentes se dedicarían "completamente" a la universidad. A la fecha aún se está lejos de esa cifra de docentes con Dedicación Exclusiva.

1998; Follari, 1999; Carullo y Vaccarezza 1997; entre otros); y Perez Lindo (ob.cit.) expresa: "...*contribuyó a mejorar la cultura científica en las universidades nacionales...*" (pág. 38).

Sin embargo, en relación a la primera cuestión, no existe mayor claridad respecto de la calidad y de los aspectos cualitativos involucrados; y en cuanto a la segunda, tampoco hay acuerdos en cuanto a la solidez y consistencia de esa mentada "cultura de la evaluación", lo que lleva a Araujo (ob.cit.) a hablar de "la cara oscura del PI", para referir prácticas de adaptación que a la vez que distorsionan objetivos del programa, erosionan valores de la profesión académica: trabajo a sobrecarga, elaboración de informes automatizados, atajos institucionales, especulación y hasta fraudes en materia de publicaciones duplicaciones y "refritados" y armado de CV "inflados", aprendizaje en el llenado de formularios, dedicación preferencial a lo medible y evaluable, y avance de una cultura de la competencia sobre formas de colaboración.

Leal de Man (2002) y Silvia Coicaud (2008), entre otros, en sentido coincidente hablan de producción breve y poco relevante antes que el trabajo denso de largo aliento, imperio de la cantidad antes que la calidad[19] y desvalorización de la docencia, como efectos del PI.

A casi veinte años vista, la propia dinámica de aplicación y funcionamiento del PI de modo inestable, con modificaciones y enmiendas, y sin faltar períodos en que desde la comunidad universitaria se solicitó su supresión[20] nos permite advertir su carácter selectivo que introdujo una nueva modalidad de asignación de poder y prestigio académico (Araujo, ob.cit.) a partir de evaluaciones que se solapan con y desconocen los, tradicionales Concursos de Oposición y Antecedentes, sometiendo a los agentes académicos a continuos y habituales justiprecios (Salanueva, 2006). En este proceso impuesto con estrategias de "gradualidad" desde el poder central los docentes-investigadores constituyen un nuevo sector que emerge de los tironeos y contradicciones entre docentes e investigadores puros, expresados en la base del sistema (Prati, ob.cit.).

La compleja urdiembre de intereses que hacia adentro de las comunidades universitarias conviven y disputan, expresa esta nueva conformación,

---

[19] Perez Lindo (2005) registra una duplicación de la cantidad de publicaciones por docente investigador de tiempo completo para el año 2000, y se estima que la misma ha seguido creciendo.

[20] Particularmente en los años 2001-2002 hubo reclamos institucionales exigiendo el cese del PI, como la de la Asamblea Universitaria de la UNLP el 01/09/2001, la de la Universidad Nacional de Salta el mismo año, entre otras.

en la que se consolidan los profesores sin tradición de investigación pero con buena ubicación en la estructura docente titulares y cierto sector de adjuntos con dedicación exclusiva que vinieron ahora a disputar espacios y prestigio a quienes desde organismos como el CONICET hicieron de la investigación su esencial dedicación. Sin embargo, ambos sectores constituyen el grupo de agentes académicos categorizados como I y II aproximadamente una cuarta parte del total de categorizados indudables beneficiarios del sistema. Frente a ellos, se hallan los Auxiliares Docentes y un amplio sector de Adjuntos, que en las categorías V, IV y III constituyen la base de la pirámide de investigación 77 % del total de categorizados, compuesto en su gran mayoría por jóvenes con bajas posiciones en la jerarquía universitaria y débil inserción en los mercados profesionales (Varela, ob.cit.) que en su gran mayoría no acceden a remuneración de incentivo alguno.

En el esquema esbozado, Prati (ob.cit.) apunta a los docentes y junto a ellos a los funcionarios universitarios atento el peso que se daba a las tareas de gestión en las grillas de categorización[21] como los sectores triunfantes en las "nuevas configuraciones" (Musselin, 2001) que asume el sistema de Educación Superior.

Sin embargo, la modificación de estructuras de poder tradicionales como consecuencia de la acción estatal sobre el conjunto del sistema universitario y de las respuestas diferenciadas y heterogéneas de las distintas instituciones, se da en dos importantes niveles de disímil importancia:

En la superestructura el más relevante de los cambios con un actor que irrumpe consolidando una fuerte y ampliada burocracia ministerial (Carullo y Vacarezza, ob.cit.), asumiendo una cuota de poder relevante en la distribución y asignación presupuestaria, y fundamentalmente y por diversas vías reglamentarias, también en el control de la investigación en el sistema universitario: la propia Secretaría de Políticas Universitarias, que avanza en indudable detrimento de la autonomía universitaria sustrayendo del ámbito de las instituciones de Educación Superior las decisiones esenciales relativas a la producción de conocimiento, al sistema institucional de investigación del que se han convertido tan sólo en mediadoras y al desarrollo de la propia estructura académica, limitándoles cuando no impidiéndoles el desarrollo de políticas institucionales al respecto.

---

[21] Actualmente se han disminuido los puntajes por las tareas de gestión.

Dice Perez Lindo (2005) en este sentido, que

> *...Algo que también dificulta la elaboración de políticas de investigación en las universidades es que de hecho no hay presupuesto para las actividades de ciencia y tecnología. Existen sí los cargos docentes y los subsidios de investigación otorgados por programas especiales (régimen de incentivos, fondos de la Secyt y otros). O sea que las universidades no tienen mucha capacidad para asignar recursos. En general, las secretarías de ciencia y técnica actúan como mediadores administrativos para vehiculizar los trámites destinados a obtener subsidios y fondos de investigación* (pág. 45).

Hacia el interior de las instituciones –son las transformaciones más relativizadas por los estudiosos, como por ejemplo Prati (ob.cit.) que afirma que el PI, así como no ha producido un "giro copernicano" en la investigación, tampoco ha causado mayores efectos en la vida académica– aparecen "nuevos actores y nuevas relaciones" dicen Fernandez Berdaguer y Vaccarezza (1996), en los que se destaca la constitución de un "mandarinato" (Suasnábar, ob.cit.), compuesto de evaluadores e integrantes de "unidades ejecutoras" cuyo poder emana de las políticas gubernamentales y del PI en particular, que cobra relevancia y pone en tensión las tradicionales formas de gestión de la universidad cogobernada, instalándose como nuevo actor privilegiado en la habitual dinámica de negociación y conflicto que la constituye.

Se trata entonces, de un novedoso programa que establece ciertas transformaciones en los patrones de asignación presupuestaria para el fomento de la investigación en las universidades. Esos patrones son los que necesariamente deben constituir el eje central de la evaluación, con el objeto de ponderar si tal disposición de recursos del presupuesto asignado a Educación Superior se condice con los objetivos deseados y explicitados por el propio programa, con el objeto, no de impugnar tales disposiciones económicas –al año 2011 se trataba de $ 89.795.000 para el total de las Universidades Nacionales– sino de considerar su utilización más eficiente y enderezada hacia esos objetivos, atento que el camino a la configuración de un agente académico *docente-investigador* en las universidades nacionales no parece estar recorriéndose satisfactoriamente por este medio.

El monto total del Programa de Incentivos asignado a las Universidades Nacionales en el año 2011, discriminado por Universidad (en Pesos) en orden decreciente, es el siguiente:

Total Universidades Nacionales	89.795.000
Buenos Aires	**12.660.000**
La Plata	**9.610.000**
Córdoba	7.440.000
Tucumán	5.740.000
Rosario	5.166.700
Sur	4.295.115
Litoral	3.820.000
Cuyo	3.744.000
Mar del Plata	3.642.000
Río Cuarto	3.332.000
San Juan	3.050.000
San Luis	2.930.000
Centro de la PBA	2.720.000
Comahue	2.584.000
Nordeste	2.275.000
Salta	1.840.000
Tecnológica Nacional	1.810.000
Catamarca	1.584.635
Misiones	1.320.000
Jujuy	1.010.000
La Pampa	1.010.000
Patagonia S. J. Bosco	954.000
Patagonia Austral	947.550
Quilmes	884.000
Santiago del Estero	776.000
Luján	763.000
Gral. San Martín	752.000
Gral. Sarmiento	625.000
Entre Ríos	600.000
La Matanza	353.000

Lomas de Zamora	310.000
Formosa	255.000
Río Negro	254.000
Villa María	241000
La Rioja	176.000
Tres de Febrero	116.000
Chaco Austral	104.000
Lanús	89.000
Noroeste de la PBA	12.000
Arturo Jauretche	---
Avellaneda	---
Chilecito	---
José C. Paz	
Moreno	---
Oeste	
Tierra del Fuego	---
Villa Mercedes	---

Fuente: Ministerio de Educación de la Nación, Departamento de Presupuesto Universitario, 2011.

Puede verse que la Universidad de Buenos Aires y la Universidad Nacional de La Plata son las que más asignaciones correspondientes al PI perciben, representando ambas prácticamente una cuarta parte –24,8 %– del total del sistema.

Aún cuando en algunos campos disciplinares de sesgo "profesionalista" como es el caso del Derecho, podrían enunciarse algunos efectos positivos del PI relacionados con la implantación de instancias formalizadas de investigación y con ello de fomento de culturas de producción de conocimiento allí donde no las había o sólo estaban presentes de modo parcial, cuando no débil y difuso, resulta evidente que para consolidar un sistema de *articulación* docencia-investigación "de integración", con docentes que mayoritaria y paulatinamente vayan asumiendo la labor de producción de conocimiento como obligación inherente a la cual dedicarle tiempo y esfuerzos, se requiere una disposición organizativa y financiera de envergadura acorde con la estrategia de puesta en circulación y fomento de ciertos valores y prioridades de la universidad orientada a la investigación, y capaz de modificar esa larga tradición profesionalista de nuestras instituciones.

El PI, en tanto programa de gestión del trabajo intelectual del más alto nivel existente en el país en el sistema de Educación Superior, parece haber agotado su alcance de la mano de sus más de veinte años de funcionamiento ineficiente e incumplimientos, de su rigidez que se traduce en limitaciones para ir ampliando los recursos humanos de la estructura de investigación de las Universidades Nacionales, de los exiguos montos de pretendido "incentivo" que sólo con lógicas voluntaristas pueden vincularse con los objetivos deseados –los docentes que perciben el incentivo vieron reducido el mismo en términos reales un 60% desde 1998 a 2008 (García de Fanelli, 2011), estimándose que en al actualidad no excede el 2% del monto salarial aproximadamente[22]–, debiendo considerarse que en los inicios del Programa el incentivo representaba entre el 20% y el 35% del salario (Perez Lindo, 2005); y también de las limitaciones propias de su condición, por un lado de programa exógeno a quienes está dirigido, desconocedor de las institucionalidades y diferencias disciplinares preexistentes, y por otro lado, de programa que materializa el "Estado evaluador" en su versión más pura y por tanto, más paradojal y absurda: en tanto declama la importancia de producir conocimiento desiste de invertir en ello o pretende hacerlo con financiamiento exiguo e investigadores de bajo costo.

Perez Lindo (ob.cit.) habla de la capacidad de los docentes-investigadores de las universidades nacionales para investigar en contextos desfavorables, y advierte sobre dos cuestiones: la escasa valoración del capital científico y académico disponible en el país, y la necesidad de analizar la economía de la Educación Superior, pues afirma que los profesores subsidian al Estado[23].

---

[22] Al año 2012, Fuente: Base de Datos del Ministerio de Educación de la Nación.
[23] Para el 2005 señala que en la Universidad de Buenos Aires más del 40% de los profesores eran honorarios, y más del 60% ganaba menos de $300 por mes.

3. Mayores Dedicaciones y Programa de Incentivos en la Universidad Nacional de La Plata y la Universidad de Buenos Aires.

La cantidad de docentes-investigadores de la Universidad Nacional de La Plata y la Universidad de Buenos Aires que percibieron el incentivo en el año 2010 y por lo tanto se hallan categorizados en el Programa de Incentivos y poseen algún tipo de Mayor Dedicación o equivalente alcanza a 2.478 para la primera, y 3.405 para la segunda, representando un 10,74 % y un 14,76 % del total de docentes que perciben el incentivo en las Universidades Nacionales del país, respectivamente.

Siguiendo su evolución en el decenio 2001-2010, podemos ver que la Universidad Nacional de La Plata ha aumentado la cantidad de docentes que perciben el incentivo unos puntos por arriba del aumento general (entre 13 % y 14 % aproximadamente), mientras que la Universidad de Buenos Aires lo ha hecho unos puntos por debajo (7 % aproximadamente).

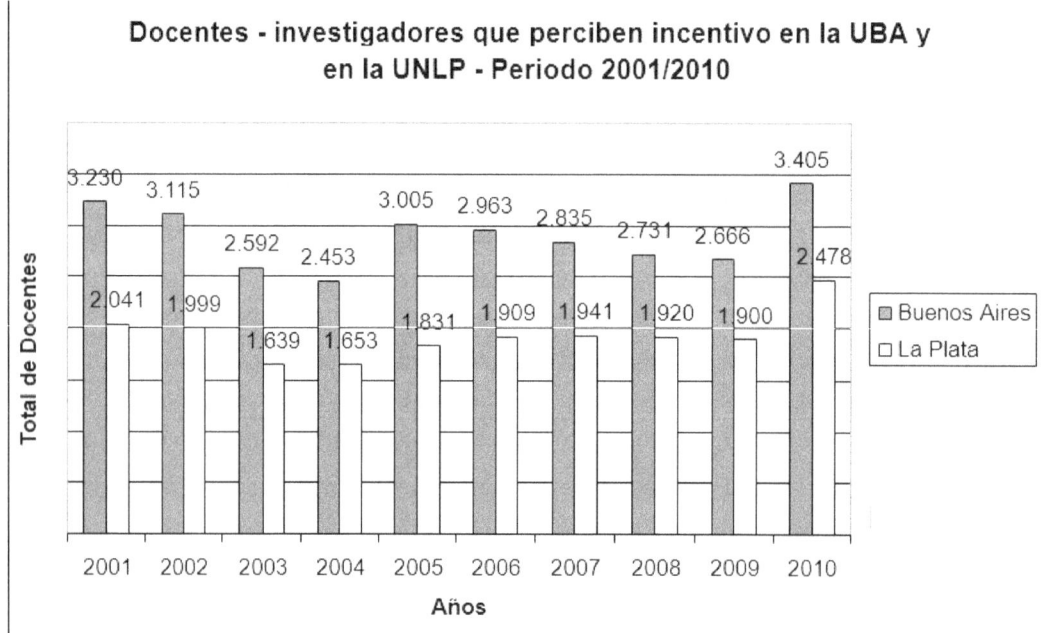

Por otra parte, los Docentes-Investigadores de esas Universidades que efectivamente perciben el incentivo, se distribuyen según las Mayores Dedicaciones que poseen y según su Categorización en el PI al año 2010 como podemos observar en las dos siguientes tablas:

Docentes-Investigadores que perciben el incentivo en la UBA y en la UNLP clasificados por Mayores Dedicaciones - Año 2010

	Total	Dedicación Exclusiva	Dedicación Semiexclusiva	Dedicación Simple
Total Universidades Nacionales	23.069	14.690	6.673	1.706
Buenos Aires	3.405	2.153	824	428
La Plata	2.478	1.461	633	384
Otras	17.186	11.076	5.216	894

Elaboración propia a partir del Anuario Estadístico del Ministerio de Educación, 2011.

Docentes-Investigadores que perciben el incentivo en la UBA y en la UNLP clasificados por Categorías de Investigación - Año 2010

	Total	Categorías de Investigación				
		I	II	III	IV	V
Total Universidades Nacionales	23.069	2.212	3.016	6.986	5.513	5.342
Buenos Aires	3.405	591	565	1.004	648	597
La Plata	2.478	297	302	670	569	640
Otras	17.186	1.324	2.149	5.312	4.296	4.105

Elaboración propia a partir del Anuario Estadístico del Ministerio de Educación, 2011.

En relación a las Mayores Dedicaciones, representan un 84,5 % en la UNLP y un 87,4 % en la UBA de los docentes que cobran el incentivo económico, advirtiéndose una concentración del pago del Incentivo a los docentes con Dedicación Exclusiva, tal como el propio PI lo prevee y de acuerdo con su reglamentación.

En relación a las Categorizaciones, en la UNLP observamos una distribución con alta presencia de las categorías más bajas IV y V, "Investigadores en formación inicial" que alcanzan a casi la mitad de los docentes que cobran el incentivo: un 48,8 %; mientras que las dos categorías más altas I y II, "Investigadores formados" representan un 24,17 %. Diferente es la distribución en la UBA, en donde esa distribución se desliza hacia las categorías más altas que representan el 33,95 % de docentes, y las más bajas el 36,5 %.

Segunda Parte

Capitulo III
Especificidades del campo del Derecho: análisis crítico

1. Lo disciplinar y lo institucional en las Facultades de Derecho

La autonomización paulatina de los campos académicos de producción, reproducción y difusión de bienes simbólicos (Bordieu, 2003 b) constituye un proceso constitutivo de la Educación Superior hasta nuestros días.

Nos referimos al proceso de división del trabajo social que en relación al campo del Derecho fue produciendo que ciertos individuos trasciendan el dominio práctico para construir axiomas y postulados y explicitar métodos, diferenciados de esas prácticas y saberes, y por tanto capaces de asumir el dominio simbólico de las mismas, surgiendo de ese modo la diferenciación entre el Derecho práctico y el saber jurídico de los abogados, decimos parafraseando a Tenti Fanfani quien describe el proceso de separación de lo que llama *"religiosidad práctica"* y el saber religioso de los sacerdotes (Tenti Fanfani ob. cit).

Se trata del proceso de objetivación de saberes y conocimientos que serán esgrimidos a partir de allí en forma monopólica por especialistas con origen en la negación y desposesión de saberes y culturas pre-existentes que Collins Randall denomina *"indigenistas"* (Collins Randall, 1979) vencedores en la lucha histórica por tal dominio, que en el marco de los procesos de división social del trabajo se va produciendo.

Pero no es especialmente esa instancia de génesis la que nos resulta relevante al momento de adentrarnos en el particular campo del Derecho, ya que la autonomización del mismo se halla consolidada y el despojo consumado hace demasiado tiempo tal vez desde el *Tepantlato*, el *Advocatus*, o el *Bozero*[1].

De lo que se trata es de observar, intentando caracterizar, las formas de legitimidad, el poder para producir e imponer normas y criterios de evaluación de sus productos, así como instaurar las instancias organizativas específicas y los correspondientes agentes autorizados, retraduciendo y reinterpretando las determinaciones externas de acuerdo a impermeables principios endogámicos, en el campo del Derecho.

En definitiva, caracterizar el campo específico en tanto sistema de relaciones objetivas entre diferentes instancias, que se distinguen y caracterizan por la función que cumplen en la división del trabajo de producción y reproducción de bienes simbólicos, y que responden a luchas, intereses y contradicciones internas propias del mismo (Bourdieu, ob.cit.).

El derecho en tanto práctica social particular, requiere se tenga presente su historicidad, la cuestión relativa al poder y a la violencia que legitima, a su esencial función instituyente, a sus condiciones de producción y reproducción (Orler y Varela, 2008; Orler, 2012 b) y agregamos,

---

[1] En el Mexico Azteca antes de la conquista de América por los españoles se hallaba instituída la figura del *Tepantlato* que se ocupaba de abogar por otros a cambio de una remuneración. En la antigua Grecia es a partir de Pericles que comienza a entenderse la *advocación* como una profesión, aunque ya Solón Siglo VI a.c. había redactado la primer reglamentación de ejercicio para *Advocatus*. Sin embargo es en Roma, donde la creciente complejidad del sistema legal va a ir requiriendo paulatinamente abordajes más especializados, constituyéndose el *Collegium Togatorum* y posteriormente estableciendo Justiniano en su *Digesto* los requisitos para su ejercicio edad mínima 17 años, 5 años de estudios de Derecho, exámen de aptitud, etc.. Muy posteriormente a la caída del Imperio Romano encontramos la primera referencia en castellano a la profesión de Abogado con Las Siete Partidas de Alfonso el Sabio en España que la definen como: "*Bozero es nome que razona por otro en juycio, o el suyo mesmo, en demandando o en respondiendo. E así nome, porque con boze e con palabra usa de su oficio*". Puede verse: Mendieta y Nuñez Lucio, "*El Derecho Pre-Colonial*", Edit. Porrúa, 1976; Kholer L. "*El Derecho de los Aztecas*", Revista de Derecho Notarial de Mexico, 1959; Castillejo y Velazco, "*Historia del Derecho Romano*", Librería-Editorial Dickinson, 2004; Betancourt Fernando, "*Derecho Romano Clásico*", Edit. Univ. de Sevilla, 2007; "*La Abogacía o el Arte del Abogado. Obra sacada de la que con el título de La Profesión de Abogado, escribió en francés el célebre jurisconsulto Mr. Dupin. Adicionada, corregida y acomodada a nuestro foro por Pablo Campos Carballar, del Ilustre Colegio de Abogados de Madrid*", Imprenta de Alegria y Charlain, Madrid, 1842; "*Leyes de Manú. Manava-Dharma-Sastra*", Traducción de Eduardo Borrás, Edit. Schapire, Buenos Aires.

especialmente en esta oportunidad, al papel que los abogados que se desempeñan en el ámbito de la academia cumplen al interior de ese campo específico.

Dicha práctica erigida y discurriendo sobre determinantes e insoslayables intereses de clase, que constituyen al Derecho como un campo en disputa: disputa por la racionalidad que instituye, por su enunciación y por su sentido, por su status de legitimidad social y por su lugar en el imaginario colectivo, por su carácter de orden coactivo y por su constitución como distintivo sistema de comunicación (Habermas, 1998), y principalmente, por darle rumbo y alcance a su eficacia autopoiética (Niklas Luhmann, 1984, 1993, 1995)[2] de reproducción de mundos heterónomos en permanente contradicción. "Efficacité quasi magique" dicen Bourdieu y Teubner (2000) respecto de esa juridicidad de aptitud y acción eugenésica.

Tal vez ningún campo intelectual como el Derecho, evidencie de manera tan prístina la relación entre éste y el campo de poder, aún y especialmente, en la esencial característica de autonomía relativa que constituye a ambos. Tal vez ningún campo disciplinar como el campo del Derecho requiera para una adecuada aproximación comprensiva al mismo, desentrañar la relación objetiva entre sus agentes y los agentes de las clases dominantes y sus facciones.

Este campo, caracterizado por esa "autonomía relativa" a la que hacíamos referencia, producto de un específico proceso histórico de diferenciación, y contextualizado por condiciones sociales particulares que lo hacen posible, se configura a su interior "*a la manera de un campo magnético*" (Bourdieu, 2002) constituyendo un sistema de líneas de fuerza en que los agentes que lo integran (personas y/o instituciones), se agregan y se oponen, con sus propiedades y peso funcional privativos e individuales, pero que no pueden definirse independientemente de su posición en él.

Agentes que ostentan nada menos que el monopolio de la construcción de los discursos jurídicos, de la enunciación constituyente del discurso que crea las cosas nombradas, que hace al mundo.

---

[2] El autor lo define como sistemas que se remiten siempre a sí mismos, sistemas circularmente cerrados (ob. cit), y es tomado por las ciencias sociales desde la biología en la década del '70, particularmente de Maturana y Varela, "*De Máquinas y Seres Vivos: Una teoría sobre la organización biológica*", Editorial Universitaria, Santiago de Chile, 1973, al que remitimos.

Se trata de la posesión monopólica de lo que Bourdieu y Teubner llaman *"poder de nombrar"* (ob.cit.), que consagra como orden establecido una visión particular, una interesada concepción del mundo, una batería de puntos de vista, valoraciones y percepciones, singulares, que sin embargo tiene por caracteres esenciales su camouflage de "universalidad" y "neutralidad".

El efecto producido es de adhesión y acatamiento "homología" compartido por dominadores, exegetas y dominados, porque la esencial característica de esta eficacia del poder simbólico que el derecho detenta es *"...no poder ejercerse sino con la complicidad, tanto más segura cuanto más inconsciente, o lo que es lo mismo, más sutilmente extorsionada, de aquellos que la padecen..."* (Bordieu, 2000, pág. 206).

Esta posesión erige a los abogados y juristas en interpretes autorizados, en hermeneutas excluyentes de los textos legales, permitiéndoles apoderarse de la fuerza simbólica de ese derecho que es ajeno a los profanos y que marcha críptico y misterioso lejos del sentido común, y es percibido por todos por quienes lo imponen y por quienes lo padecen como absolutamente independiente de las relaciones de fuerza que sanciona y consagra.

De este modo, la distinción social plasmada y reforzada desde el campo del derecho en dinámica inagotable desde el fondo de la historia, permite singularizar a los agentes del mismo —"profesionales del derecho", cuando no "doctores" en jerga de sentido común— frente a la gran mayoría de profanos, a quienes les es impuesto tan sólo su reconocimiento.

Hacia dentro del campo, se establece un estado de relación de fuerzas cuya conflictividad es el signo distintivo –conflictos *"entre intérpretes e interpretaciones"* (Bourdieu y Teubner, ob. cit.)– pero que se despliega en un escenario altamente jerarquizado, y lo que es más determinante, en un escenario de *"habitus"*[3] fuertemente cohesionados.

Sus agentes se constituyen en "detentadores" de capital jurídico diverso dentro de las también diversas tradiciones jurídicas, con visiones e intereses diferentes en relación al derecho y a la autoridad hermenéutica sobre el mismo, pero amalgamados en una complementariedad que es condición de la dominación simbólica, y que, no casualmente, en sus elecciones cotidianas entre valores, intereses y visiones del mundo

---

[3] El concepto de "habitus" es acuñado por Pierre Bourdieu y se desarrolla de forma extensa y compleja en su obra a la que remitimos, de igual modo que el concepto de "capital" que utilizaremos más adelante.

divergentes "...*tiene pocas posibilidades de desfavorecer a los dominadores...*" (Bourdieu, ob. cit., pág. 204).

Si bien el propio Bourdieu ensaya algunas distinciones entre los "teóricos" que miran especialmente la doctrina, y los "prácticos" que hacen hincapié en la interpretación práctica de casos jurisprudenciales, o entre privatistas y publicistas, por ejemplo, es necesario apuntar que los alineamientos son bastante más complejos y dependientes de las posiciones relativas que esos agentes sostienen también al interior de otros campos el campo del poder, el campo institucional, etc. que se disputan en apuestas bien definidas, como la formalización de los programas de estudio y las currículas en las facultades de Derecho, el control de las cátedras o las revistas especializadas; los espacios y cargos en el Poder Judicial o la burocracia estatal e incluso en las instituciones gremiales de los abogados —las disputas hacia adentro y desde los Colegios de Abogados son proverbiales—; pasando por la promoción de nuevos derechos cuyo ejercicio debe garantizarse, la institucionalización de nuevas ramas del derecho, o nuevas formas de litigio que permiten crear o amplificar aspiraciones jurídicas.

El campo de quienes ostentan el monopolio del saber jurídico ha ido desarrollándose y expandiéndose caracterizado por una amplia y continua diversificación, que en la actualidad admite el ejercicio profesional de los abogados en áreas tan variadas y tan desemejantes "...*que no siempre se reconocen entre sí como provenientes de un adiestramiento común o de una misma carrera profesional...*" (Binder, 2005, pág. 85).

En su ya clásico trabajo sobre las universidades alemanas en la década de los años sesenta, Dahrendorf (1971) afirmaba que entre todas las facultades, las de Derecho presentaban la imagen "menos específica" (pág. 315) haciendo larga referencia a esa inespecificidad devenida multiplicidad.

Esta diversificación (Bohmer, 1999, 2005; Gonzalez, 2008; Cardinaux y Clerico, 2005; Campari 2005; Gordon, 2004; Brigido y Lista 2004; Salanueva 1999; Dahrendorf, 1971; entre otros) produce que el ejercicio de la magistratura en distintos niveles, las funciones de fiscal, mediador, defensor oficial; o el ejercicio privado de la abogacía, sea de modo independiente o en relación de dependencia, en estudios jurídicos o empresas; las funciones de gestión o asesoramiento en la burocracia estatal incluídas las universidades, o asesoramiento parlamentario; y la actividad académica docencia en nivel medio y superior, e investigación jurídica , e incluso más actualmente el "perito abogado", constituyan algunas de las diferentes formas de ejercicio profesional.

Así lo entienden, por ejemplo, la Facultad de Derecho de la UBA que expresa tener implementadas "...*múltiples propuestas formativas dirigidas a los graduados en todos los campos del Derecho...*" (página Web de la Facultad de Derecho UBA), y la Facultad de Ciencias Jurídicas y Sociales de la UNLP, que en lo relativo a su misión institucional y proyecto educativo afirma asegurar:

> *La comprensión de las responsabilidades políticas, jurídicas, sociales y éticas... ya sea que sus profesionales se desempeñen como representantes de su clientes, como jueces o funcionarios auxiliares de la justicia, como funcionarios de la administración pública, como mediadores, negociadores, árbitros de conflictos; como asesores, consultores de organismos internacionales o nacionales, gubernamentales o no gubernamentales, empresas, sindicatos; como docentes o investigadores, o en cualquier otro ámbito en que se desempeñen* (Informe de Autoevaluación Institucional 2010, pág. 28).

La división del trabajo jurídico, implica necesariamente intereses también desiguales y muchas veces opuestos, y es en la puja cotidiana de estos exegetas y expertos jueces, docentes, abogados litigantes, funcionarios, etc., cada uno con su respectivo peso específico y consiguiente capacidad para imponer su interpretación y su visión del derecho— que se va configurando nada más ni nada menos que el "corups iuris", con su especial formalización y normalización, y con ello una particular forma de orden establecido y una acción creadora de realidad, ya que es el Derecho la forma discursiva por excelencia capaz de producir efectos, capaz hacer el mundo, en una demostración sin igual de fuerza simbólica (Bourdieu y Teubner, ob.cit.).

Sin embargo, resulta evidente que no todo este abanico de alternativas para desempeñarse profesionalmente que se presentan a quienes detentan el título de "abogado" constituye un mismo y equivalente capital hacia dentro del campo específico, muy por el contrario, podemos constatar que a lo largo de la historia esas distintas formas de ejercicio profesional han constituido un conjunto fuertemente diferenciado, sub campos, que ha gozado de distinta consideración y jerarquía, ocupando los distintos agentes también distintas y jerarquizadas posiciones y reconocimiento, según el lugar y el momento histórico y las relaciones de fuerza constitutivas del campo en cada coyuntura.

De este modo debemos analizar qué lugar ocupan y cómo lo hacen en esta urdiembre compleja, a la vez antagónica y complementaria que constituye el campo de quienes se ganan la vida mediante la producción y venta de bienes y servicios jurídicos, aquellos profesionales abogados que actúan en el ámbito de la academia; o dicho más propiamente: en la división social del trabajo que se produce al interior del campo del derecho, cómo se conforman las relaciones y diversas posiciones de quienes ostentan como "capital" particular la actuación académica, y más específicamente las tareas de docencia e investigación en la Educación Superior, específicamente en las Facultades de Derecho.

En este punto, resulta necesario adosar otra complejidad más al análisis que intentamos. Burton Clark, en su inevitable trabajo sobre organización académica ya citado (1983) analiza este subsector del sistema educativo desde el presupuesto teórico de su autonomía y a partir de la relevancia creciente que viene asumiendo en las sociedades contemporáneas, agregando a la importancia de "lo disciplinar" en la configuración de la Universidad, otro eje que lejos de marchar paralelo y armónico se entrecruza, superpone e interactúa con el mencionado: el institucional.

El tándem Universidad-Facultad posee sus "símbolos institucionales" determinados por su antigüedad, su organización y desarrollo, y por la acción de sus cátedras, departamentos, institutos, y cuerpo docente con los que asume una relación dialéctica en la que se jerarquizan mutuamente las grandes instituciones se hacen relevantes por la acción de los grandes nombres que las impulsaron, y antitéticamente, los académicos resultan beneficiarios del status que aquellas les trasladan.

Efectivamente, en el enfoque teórico de Clark (ob.cit.) que aporta sustento a nuestra Tesis, las particularidades disciplinares dan forma y contenido a la Educación Superior pero no de modo abstracto, sino materializadas en contextos institucionales concretos que constituyen entramados organizacionales complejos: las Universidades, las Facultades, y en su base las cátedras, departamentos, institutos, como unidades operativas esenciales que plasman la confluencia entre "disciplina" e "institución".

Confluencia que funciona, al decir de Prego y Prati (2006) como una estructura matricial o cruce de principios organizativos, en los que se condensa la vida académica.

En este doble juego de determinantes, la Educación Superior asume la dispersión y a la vez la fuerza unificadora producida por la primera de ellas la disciplina y por la dinámica que le imprime el establecimiento de pertenencia la institución.

Esta lógica binaria, que funciona entrelazada y desafiando toda "ilusión de transparencia" (Bourdieu, 2002 b) resulta fundamental para aproximarnos al estudio de la Educación Superior, y particularmente a la *articulación* de docencia e investigación.

Analizamos la particularidad disciplinar del campo del Derecho en la expresión institucional concreta que constituyen las dos Facultades de Derecho más grandes del país[4] medidas por su matrícula, sus egresados, y por el papel que la producción de conocimiento desempeña en ellas, que se traduce en la mayor cantidad de docentes-investigadores categorizados en el Programa de Incentivos y por la también mayor cantidad de Proyectos de Investigación acreditados: la Facultad de Ciencias Jurídicas y Sociales de la UNLP y la Facultad de Derecho de la UBA, sus devenires históricos, su organización y estructura institucional, y la voz de sus docentes, en relación a la *articulación* mencionada.

Así, los docentes de las Facultades de Derecho poseen una doble pertenencia, a la disciplina en primer lugar, y a la institución en segundo lugar, que hace que los rasgos provistos por la primera se modifiquen en relación a las características que aporta la segunda, y condicionen la actividad académica, las formas de interacción, valores y creencias, e inevitablemente, el modo de asumir la tal *articulación* docencia-investigación.

Afirmamos, en relación a lo dicho siempre siguiendo a Clark que los individuos que se desempeñan en el campo del Derecho, asumen sus sólo aparentemente homogéneos caracteres identitarios "habitus" incorporados por la "estructura estructurada" que operó como "estructura estructurante", mediante disposiciones incorporadas, durables, transferibles y transformables, al decir de Bourdieu (2002) profundamente diferenciados y en competencia hacia dentro del mismo, en donde se reconoce como específico y diferenciado el capital que aporta el desempeño académico como tal frente a otros operadores jurídicos como "abogado litigante" o "juez", por ejemplo pero que resulta matizado por la Facultad en la que se desarrolla, que le agrega identidad y particularismo las

---

[4] Sebastián Varela promueve los estudios sobre Educación Superior desde la perspectiva institucional (neoinstitucionalismo sociológico) y afirma (2011) "...*llama la atención la escasez de estudios que refieran los sucesos protagonizados por los universitarios desde un abordaje que incluya en su análisis el funcionamiento del establecimiento en el que transcurre la vida universitaria...*".

Facultades de la disciplina en la Universidad de La Plata y en la de Buenos Aires, por ejemplo, cada una con su desarrollo histórico, sus particularidades institucionales, su saga (Clark, 1991) y dinámicas específicas; la especialidad que se cultiva –áreas "dogmáticas" del derecho como Derecho Civil o Derecho Penal, y áreas "socio-jurídicas" como Sociología Jurídica o Derecho Político, por ejemplo[5]–; y por el modo en que esa actividad académica es llevada adelante, aspecto este último en el que como desarrollaremos en el próximo capítulo parece advertirse la aparición de un nuevo "capital" impulsado por las políticas públicas del "Estado Evaluador" con relación a la Educación Superior y particularmente a la producción de conocimiento que constituye el Programa de Incentivos a la Investigación y sus mecanismos de legitimación, y que ha puesto en escena la figura del "docente-investigador", asumiendo quizás cierto prestigio o status diferencial otorgado por su calidad de "categorizado" frente a los docentes que no lo estan o que no realizan investigación (Carullo y Vaccarezza, ob.cit.)[6].

A su vez, podemos distinguir hacia adentro del sistema por las posiciones diferenciales que el mismo otorga en su estructura altamente jerarquizada y vertical paralelo a la escala y jerarquías tradicionales establecidas para los cargos docentes, que en las facultades de Derecho generó no pocos conflictos al momento de resolverse las categorizaciones: "docente-investigador formado" categorías I y II, que permite dirigir proyectos, percibir un mayor monto en concepto de incentivo, etc. y "docente investigador en formación", categorías III, IV y V[7], además de las diferencias funcionales como "director de proyecto", "evaluadores", etc. , que si bien son coyunturales y obedecen a circunstancias puntuales de la operativización del sistema, tienden a perpetuarse y quedar establecidas de modo rígido e inalterable.

Así, el "capital académico" para Bourdieu (2002, 2008) se va configurando con los títulos y posgrados obtenidos, la institución de pertenencia

---

[5] Germán Silva García (2009) distingue entre lo que denomina "bandos" (sic) "técnico-jurídicos" y "socio-jurídicos", para hacer un análisis empírico de la caracterización teórica bourdieusiana del campo del Derecho en Colombia

[6] Esto se detecta en las unidades académicas con escasa cultura de investigación –como las Facultades de Derecho- en las que se produjo la aparición de una nueva categoría socio-académica: los "incentivados", quienes empiezan a presionar por mayores dedicaciones, en virtud del prestigio que les van confiriendo las actividades de investigación (Varela, ob.cit).

[7] Ese esquema de tareas y atribuciones fue modificándose a lo largo del desarrollo del PI hasta la fecha.

y el cargo docente, agregándose al capital científico aportado por las publicaciones y ubicaciones en institutos de investigación, comités de redacción de revistas científicas, premios y reconocimientos, etc; y particularmente superpuesto en las disciplinas como el Derecho que denomina "temporales dominantes" por oposición a las "culturalmente autónomas" como las Ciencias Naturales con el capital acumulado en la instancia de poder y gobierno universitario que se traduce en las posiciones ocupadas en el co-gobierno de la institución y en su jerarquía.

También y muy especialmente, aportan a ese capital aquellos elementos que asumen relativa incidencia mutua con el campo social –el capital heredado, el económico, el político, etc.– pues como el mencionado autor afirma en su estudio sobre la universidad francesa de la década del sesenta (2008), las Facultades de Derecho poseen su fundamento y legitimidad de manera delegada, y constituyen un campo académico de baja autonomía, tomando como referencia un trabajo de Emmanuel Kant (1964)[8] en el que el prusiano analiza la universidad en términos de oposición entre Facultades, caracterizando a las de Derecho como dependientes de los "poderes temporales", controladas por los gobiernos, y menos libradas al juego de la razón y las verdades científicas (pág. 9/10).

Todo ello, considerando además que en el campo que tenemos en estudio no existe una tradición de investigación, procesándose de un modo particular y complejo la tensión entre "universidad científica" y "universidad profesional" manifestada en toda la historia de la Universidad argentina –otros campos disciplinares con sólida tradición en investigación, como el de la Física por ejemplo, tienen ya su propia herencia consolidada de jerarquías, distinciones y valores en relación a la producción de conocimiento, esencialmente sustentadas en el sistema de Mayores Dedicaciones, y frente a las cuales las promovidas por el Programa de Incentivos parecen ceder (Prego y Prati, 2006)–, y expresándose las dificultades propias de esa conformación que descansa sobre dinámicas institucionales de tinte marcadamente "profesionalista".

En línea con lo dicho, entendemos que la cuestión atinente a la "*articulación*" de docencia e investigación en tanto tareas que las Facultades de Derecho asumen como principales, toman el cariz que imponen las

---

[8] "*El conflicto de las facultades*" a pesar de su antigüedad fechado en 1794 es la última publicación de Kant antes de su muerte constituye punto de partida en los estudios sobre universidad y cambio universitario desde la perspectiva del conflicto, y es tomado como referencia y citado por Bourdieu en "*Homo Academicus*".

particularidades del campo del Derecho su estructura, los habitus que impone, el capital que permite acumular, su valor simbólico, las disputas que genera, y su relación relativa con otros campos manifestadas en el sub-campo del desempeño académico –con la impronta que lo institucional le aporta– las instituciones universitarias desarrollan un valor simbólico vinculado a la producción de sub-culturas que le son propias y le dan entidad y diferenciación, y le aportan elementos a sus agentes para pensar e interpretar el mundo interno y externo a ellas, dirá Clark (ob. cit.), y con las bifurcaciones que la especialidad y el modo de desempeño de esas tareas académicas le agregan, en dinámicas permanentes de conflicto y negociación que van modelando los procesos.

2. Las Facultades de Derecho de la UNLP y de la UBA

En el caso de nuestro sistema universitario nacional, las Facultades de Derecho mantienen la fuerte impronta profesionalista del campo y de las instituciones universitarias a las que pertenecen, dotadas de agentes académicos que acumulan su capital esencial fuera de la institución en el ejercicio de la profesión libre, de la magistratura, o de la burocracia estatal, y al que el desempeño como docentes, o actualmente como docentes-investigadores, parece agregar algo nunca del todo ponderado.

Dice Perez Lindo (2005) en sentido análogo Salanueva, 2006, 2007; Brígido y Lista, 2004; Cardinaux y Clérico, 2005; Bohmer 1999; entre otros: "*…el título de abogado, que mantiene desde hace tiempo el primer lugar en la matrícula universitaria, es el más requerido en el ámbito judicial, parlamentario, político y administrativo. Todos los presidentes argentinos desde 1983 a la fecha detentan el mismo diploma…*" (pág. 32).

Esta descripción, resulta paradigmática en el caso de las Facultades del campo disciplinar en la Universidad Nacional de La Plata y la Universidad de Buenos Aires, con sustanciales diferencias entre una y otra: baste como ejemplo lo referente a sus dimensiones, que en términos de matrícula de estudiantes y egresados la Facultad de Derecho de la UBA triplica a la de la UNLP, así como en términos de investigadores y proyectos de investigación[9]; pero con puntos de confluencia no menores manifestados en el origen de ambas –segunda y tercera universidad fundadas en el país luego de la Universidad Nacional de Córdoba–, con génesis institucionales próximas en tiempo y territorio, procesos de nacimiento y consolidación comunes, y fuertes denominadores también comunes esencialmente en lo que hace a su cuerpo docente[10], sobre todo en algunos períodos históricos; en su ubicación geográfica y significación política en la Capital de la Provincia la una y en la capital del país la otra, –centros neurálgicos judiciales, administrativos y de gobierno–; y en el trascendente protagonismo y valor simbólico análogo que asumieron en los procesos de organización y constitución del Estado Nacional y Provincial y sus burocracias[11].

Se trata del proceso de concentración en el estado naciente en el siglo XIX de diferentes tipos de capital descripto por Bourdieu (1994) en el que "*…la concentración de capital jurídico es un aspecto, absolutamente crucial, de un proceso más amplio de concentración del capital simbólico…*" (pág. 111), en el que los juristas cumplen su labor esencial, en tanto portavoces de la "doxa" y de su universalización.

Sin dudas, las dos Facultades mencionadas aportaron sustancia y asumieron la centralidad del proceso de configuración de la Universidad argentina como el foro público-político de la mayor relevancia que hasta hoy constituye, desarrollando desde sus procesos fundacionales el denominado "modelo jeffersoniano"[12] de educación jurídica (Douglas, 2006), por el que se entendía que además de buenos juristas, la facultad debía formar ciudadanos preparados para la vida pública, líderes virtuosos y comprometidos que la nueva nación requería.

Por otra parte, las dos Facultades de Derecho junto a la de la Universidad cordobesa que las precedió aportaron contenido y acreditaciones a las

---

[9] Fuente: Base de Datos del Ministerio de Educación, Secretaría de Políticas Universitarias.

[10] La denominada "Generación de Juristas de 1910" que dio forma al Derecho moderno en nuestro país, estuvo esencialmente nutrida por docentes de estas dos casas de estudios, la mayoría de ellos comunes a ambas, y así ha continuado siendo hasta la fecha en más o en menos.

[11] La institucionalización de ambas Universidades con carácter de "Nacionales" fue una de las consecuencias directas de la guerra civil de 1880.

[12] A principios de la década de 1780 Thomas Jefferson impulsó una ruptura en relación a la formación de juristas en Estados Unidos de Norteamérica, intentando superar el formato de las tradicionales Escuelas de Derecho con el sistema de "aprendices" organizadas por abogados en ejercicio, heredadas de la época colonial, y propuso la formación de instituciones en las que la enseñanza del derecho ampliaba su perspectiva para formar "un grupo de ciudadanos públicos", "hombres de estado", capaces de gobernar y preservar la república que la revolución había legado.

clases medias emergentes de principios del siglo pasado, contribuyendo de modo sustancial a la conformación clasista de la sociedad argentina del Siglo XX.

Asimismo, todas las instancias administrativas, judiciales y de gobierno, que fueron desarrollándose a lo largo de la historia de nuestro país hasta nuestros días, y el proceso de nacimiento y conformación de las burocracias estatales hasta el presente, han requerido siempre y especialmente de estas instituciones UNLP y UBA y sus facultades de Derecho profesionales idóneos y de excelencia.

Desde el *Programa Historia y Memoria* de la UBA se afirma que el "premio" que la sociedad argentina brinda a sus profesionales universitarios, tanto material como simbólico *"…en gran medida explica el cerrado predominio de las tendencias profesionalistas…"*, atribuyendo esas tendencias no a la voluntad de quienes conducen la universidad, sino a las presión social en tal sentido.

En realidad va a ser desde el interior del propio campo, acompañando los despuntes de nuevos paradigmas en relación al conocimiento, y en el contexto de las disputas y contradicciones que lo constituyen –con sus alineamientos corporativos y de intereses económicos y políticos; también iusfilosóficos y teóricos en relación al Derecho; de departamentos, cátedras, especialidades y espacios de poder institucional, entre algunos que podemos individualizar– de donde surgirán también flamantes demandas respecto de los abogados y de las instituciones que los forman, en un largo y arduo proceso que encuentra en las Facultades de Derecho argentinas a inicios del siglo pasado alguno de sus brotes germinales, en el proyecto institucional fundacional de la UNLP, en la preclara "Generación de Juristas de 1910" que prohijaron las tres facultades de Derecho precursoras Córdoba, Buenos Aires y La Plata por orden de aparición, y en el propio movimiento de la Reforma Universitaria de 1918. Proceso que, afirmamos, se halla aún en transición y lejos de consolidarse.

Si el devenir de la propia institución "Universidad" ha ido lentamente verificando una aproximación a la producción de conocimiento e impulsando procesos de configuración científica en su seno que aún son embrionarios, y todavía está en dudas la capacidad que posee de ir corriéndose poco a poco de su traza profesionalista de génesis, es en el campo del Derecho y de las unidades académicas que lo constituyen donde tal deslizamiento hacia procesos científicos asume las formas más vacilantes.

Por eso no debe sorprender que de manera generalizada aunque con matices que intentaremos diferenciar, los agentes académicos del campo participen aún en muy baja proporción de los distintos sistemas de promoción de la investigación, y que por otra parte, la pretendida constitución de un cuerpo profesional de investigadores en las Facultades de Derecho que dé marco a la *articulación docencia-investigación* que constituye nuestro objeto de estudio a la fecha se asiente en los "núcleos duros" de las áreas Socio Jurídicas y del Derecho Público principalmente (Orler, 2007, 2010, 2013; en igual sentido los Informes de Autoevaluación de la Facultad de Ciencias Jurídicas y Sociales de la UNLP años 2010 y 2013; y los informes del Proyecto de Investigación DECyT 1228 para la Facultad de Derecho de la UBA) que ya desde los primeros años de la década de los años ochenta venía produciendo conocimiento de modo sistemático, y que incluso en décadas anteriores supieron poner en agenda la necesidad de investigación en el campo del Derecho.

Advierten acertadamente González y Marano (2008) "*La docencia sigue liderando el presupuesto y las políticas educativas, desconectada en la mayoría de las cátedras de la producción en investigación y en extensión*" (pág. 655)[13].

Perez Lindo (ob.cit.) registra el exiguo número de 775 investigadores y becarios correspondientes a todas las Facultades de Derecho de las Universidades Nacionales del país para el año 2005 el total de investigadores y becarios de las Universidades Nacionales para ese año ascendía a 43.609 en niveles tan bajos como los más bajos del sistema: Filosofía 786, Literatura 590 y lingüística 563; aunque quizás no tan lejos de los más altos dentro de las Ciencias Sociales: Ciencias de la Educación 1.116 y Sociología 1.093.

En relación a la producción de conocimiento en este campo disciplinar podemos señalar sintéticamente que en ambas Facultades existe un predominio del campo Socio-Jurídico y del Derecho Público sobre el del Derecho Privado, preeminencia de trabajos teóricos sobre trabajos empíricos, muy poca diversidad de técnicas de investigación que se advierten

---

[13] Sin embargo disentimos con las autoras en cuanto a que "*...las explicaciones de la falta de una política sobre investigación podemos encontrarla en el hecho no menor, que el Derecho tiene una serie de complejidades que hace difícil su ubicación disciplinar: es una ciencia social o es una ciencia prescriptiva normativa?...*" (pág. 664). Entendemos que las cuestiones relativas a clasificaciones disciplinares y epistemológicas, referidas al tipo de asignatura que constituye el Derecho, no alcanzan para explicar esta cuestión.

subutilizadas, y ausencia de investigaciones producidas con métodos cuantitativos (Orler, 2007, 2010, 2013; 2014).

3. Perfil de los docentes de Derecho.

A modo de aproximación a una caracterización general del universo docente de las Facultades de Ciencias Jurídicas y Sociales de la UNLP y de la Facultad de Derecho de la UBA, podemos apuntar que se trata de un tipo part-time, con otras actividades remuneradas principalmente en relación de dependencia y de alta presencia en el sector del empleo público en el caso de las facultades mencionadas, especialmente en el Poder Judicial, que en muy baja proporción realiza tareas de investigación, y también en baja proporción ha finalizado estudios de posgrado (Doberti, 2005, 1998).

El tipo opuesto en la tipología propuesta para las universidades públicas, está representado por un docente de dedicación exclusiva, que investiga y publica sus hallazgos, y que tiene formación de posgrado –presente de modo minoritario en las facultades de Derecho, en los grupos consolidados de investigadores del campo disciplinar–.

Sin embargo, es necesario decir en relación a esta tipificación propuesta, que los docentes de Derecho presentan un sesgo diferenciado del tipo indicado en lo relativo a "publicaciones realizadas", atento que se trata de docentes con altos niveles relativos, si se los compara con otros campos disciplinares en que el perfil "profesionalista", la falta de investigación y la carencia de posgrados conducen a bajos niveles de publicaciones como por ejemplo Odontología (Fuente: Censo Docente UBA, año 2004 y 2011; Anuario Estadístico UNLP, año 2011; Informe de Autoevaluación FCJyS UNLP, año 2013).

Definitivamente, para el tipo docente del campo del Derecho, es el ejercicio profesional en sus diversas variantes la actividad principal, siendo la docencia una actividad complementaria (Cardinaux y Gonzalez, 2010; Flores, 2006; Lista y Brígido 2002; Berisso, Demarche, Furfaro, 2010; Bohmer 2005; entre otros), que en buena parte conlleva un componente de retribución no monetaria, atribuido en forma de razones explicitadas: al placer de ejercer la docencia, a la vocación docente, al ejercicio de actualización mental que exige, al contacto con la juventud, a la necesidad de devolver a la Facultad la formación que ésta supo darle de manera gratuita, a modo de obligación moral, según las motivaciones declaradas por los propios docentes; mientras que pueden entreverse a modo de razones no explícitas: los contactos o credenciales positivas para el desempeño profesional como aportes de capital para el desempeño en el campo jurídico (Bourdieu, 2002 a, 2000, 1973), y asignación de prestigio en el mercado profesional (Prego y Prati, 2006) y la valoración social que la docencia tiene en ciertos segmentos sociales como símbolo de "acceso a la elite" y a modo de "sobre-certificación de saberes" altamente valorados socialmente (Bourdieu, 2003 a, 2013), y fundamentalmente a partir de una resignificación de la noción de mérito, que desde el éxito en el mercado se refuerza con el juicio de pares materializado esencialmente en el sistema educativo superior y en lógicas credencialistas (Prego y Pratti, 2006), e incluso cierta tradición hispánica heredada por las universidades latinoamericanas en análisis de Burton Clark (1983).

Parece existir, por otra parte, una mayoritaria opinión de que esa propia experiencia personal fuera de la facultad en el ejercicio de la profesión o de la magistratura, por ejemplo es la que debe transmitirse en el ejercicio de la docencia a modo de legado a dejar a las nuevas generaciones de abogados (Cardinaux, Gonzalez, Palombo, 2010), y en concordancia con ello, la idea de que no se puede ser docente de Derecho si no se ejerce la profesión[14]. Contra esa concepción Juan Carlos Agulla afirmaba en entrevista a la revista Lecciones y Ensayos:

> *Le cuento un caso que yo conocí ¿Sabe quién fue Edmund Mezger? Profesor de Derecho penal, el creador de toda la línea básica del Derecho penal aquí. Fue profesor mío. Edmund Mezger fue nada más que profesor toda su vida y ha enseñado Derecho Penal a todo el mundo. ¿Qué praxis?. No, ése es un argumento en el que no creo* (Página Web Revista Lecciones y Ensayos, Facultad de Derecho UBA, no se consigna fecha de la entrevista)[15].

---

[14] Ello va de la mano con la idea de que un buen proceso de aprendizaje es aquel por resultas del cual el estudiante es capaz de repetir los conocimientos establecidos como necesarios por el intérprete autorizado, por el cual está en condiciones de duplicar el conocimiento que le ha sido transmitido (Meirieu, 2010), sin mayor pretensión de reflexividad, promoción de la duda o pensamiento crítico, al estilo de los sistemas de aprendices con que se formaban los abogados de la época colonial (Cardinaux, Gonzalez y Palombo, ob.cit., Lista y Brígido, 2002; Bohmer, 1999; Witker, 1995; Kennedy, 2012, 2002; entre otros).

[15] Respecto de estos tópicos, como de otros análogos del tipo ¿qué se enseña? y ¿cómo se enseña? en el campo del Derecho que exceden nuestro trabajo ver: los Congresos de Enseñanza del Derecho organizados por la Facultad de Ciencias Jurídicas y Sociales en 2016 y 2018 y sus consecuentes publicaciones; la tradición de Congresos de la Sociedad Argentina de Sociología

No resulta muy difícil advertir que el carácter subsidiario de la actividad académica conspira en definitiva contra la calidad de la tarea educativa, que en el contexto de requerimientos laborales múltiples y de tiempos cargados de tareas y responsabilidades extra-académicas para los agentes, en ocasiones profundiza prácticas educativas rutinarias y/o a-reflexivas, reduciendo asimismo las posibilidades de generar condiciones de reformulación de las mismas y de relacionamiento diferente con los procesos de conocimiento, de enseñanza y de aprendizaje (Edelstein, 2014).

En tal sentido, Cardinaux y Gonzalez (2010) afirman refiriéndose a los docentes de Derecho[16]: "*…de las entrevistas surge que no dedican prácticamente tiempo a la preparación de sus clases, y el recurso a la clase magistral como método de enseñanza excluyente oculta la ausencia de desarrollo curricular…*" (pág. 104), agregando en nota al pié la siguiente aclaración: "*Los profesores de Derecho en general llaman clase magistral a cualquier clase expositiva…*" (pág. 104, nota 11).

Bianco y Carrera (2010) dan cuenta de esta cuestión de manera extensa, haciendo especial referencia a que los docentes de la Facultad de Ciencias Jurídicas y Sociales UNLP entrevistados, encuentran en la enseñanza masificada una limitación para desarrollar otros formatos áulicos alternativos a lo que denominan *clase magistral*, y expresan "*…se estaría incluyendo como elemento constitutivo de la clase magistral que como vimos es la base sobre la cual se estructuran las prácticas docentes la no necesidad de una planificación específica en función de la definición y formulación de objetivos de enseñanza, en base a los cuales seleccionar contenidos, actividades y materiales. Las explicaciones brindadas por los profesores sobre este punto nos llevaron a concluir que la falta de este tipo de planificación resultaría de las características intrínsecas de la modalidad…*" (pág. 165).

Es lo que Carlos Lista (2012), denomina "abordaje unimetodológico" para referirse al estilo y las técnicas pedagógicas de los docentes de Derecho, que caracteriza como "*dogmatismo y ritualismo*" (pág. 53), que llevara a Stewart Macaulay presidente la Law and Society Association en 1987,

---

Jurídica (SASJu) en su comisión específica "Enseñanza del Derecho", así como también publicaciones especialmente pensadas para multiplicar esos debates como "Academia, Revista sobre enseñanza del Derecho" de la Facultad de Derecho de la UBA, y "Anales" Revista de la Facultad de Ciencias Jurídicas y Sociales de la UNLP particularmente su número especial sobre el tópico, de diciembre de 2017 .

[16] El mencionado trabajo ha relevado la opinión y prácticas de los docentes de la Facultad de Ciencias Jurídicas y Sociales UNLP a través de entrevistas en profundidad y de observaciones áulicas.

en oportunidad de inaugurar la conferencia anual de esa institución, a convocar a la búsqueda de nuevos caminos para la enseñanza del Derecho a partir de una crítica muy lúcida a las formas tradicionales, y haciendo extensa referencia a la película "El dulce porvenir" de Egoyan, dando de algún modo, un puntapié inicial a los estudios de *law and film* que desde inicios del siglo XXI han proliferado esencialmente en las facultades de Derecho europeas y en menor medida en las de nuestro país, en forma de cursos y seminarios que actualmente disputan la constitución de una nueva especialidad en el campo del Derecho y de la Enseñanza del Derecho (Thury Cornejo, 2009).

En concordancia con lo expuesto, resultan muy bajos los niveles de formación docente acreditados por los profesores de ambas facultades, ya que enseñar en las facultades de Derecho siempre pareció implicar una práctica asociada con procesos reproductivos sólo comprometidos con su fidelidad a conocimientos disciplinares[17]. Molinari (2005) en su trabajo sobre la Facultad de Derecho UBA se refiere a "...*una tradición académica producto de la racionalidad positivista, que se caracteriza por encontrar lo fundamental de la formación y la acción docente en el sólido conocimiento de los núcleos centrales de la disciplina...*" (pág. 28)[18]; y Bianco y Carrera (ob.cit.) en relación a la Facultad de Ciencias Jurídicas y Sociales UNLP expresan de modo análogo que "...*la enseñanza que predomina, heredera de la ilustración europea, continental y decimonónica, es aquella que podríamos llamar tradicional, basada en contenidos...*" (pág. 168), si bien se detecta una generalizada preocupación de los docentes por mejorar la adquisición de técnicas y aspectos pedagógicos que impacten en sus prácticas de enseñanza (Goggi y Kolodny, 2009) aún cuando a veces se los concibe ingenuamente como "recetas de cocina" y pretensiones de tipo aplicacionistas.

Efectivamente, este cambio paradigmático se registra tanto en los discursos y acción institucionales –en los últimos veinte años se han creado en Argentina más de un centenar de instituciones con ofertas de formación docente, particularmente ambas Facultades en estudio tienen

---

[17] Sin embargo, no puede soslayarse que tales percepciones acerca de la labor docente en la universidad no son privativas del campo del Derecho, ya que los procesos constitutivos de las prácticas de enseñanza universitaria en todos los campos disciplinares sin excepción han ido conformándose de esa manera (Troiano, 2000; Davini 1997; Bohmer, 1999; Cardinaux y Clérico 2005; entre otros).

[18] Gonzalo Alvarez et al (2006) realizan un lúcido estudio cuantitativo sobre el tópico, a partir de la evaluación docente efectuada en la Facultad de Derecho UBA en los años 2003 y 2004.

organizada de un modo u otro la denominada "Carrera Docente", y en el caso de la Facultad de Ciencias Jurídicas y Sociales UNLP se creó en el año 2010 un área específica: la Prosecretaría de Capacitación y Carrera Docente[19]–, como en las reflexiones de los propios profesores, que no dejan de dar cuenta del referido modo en que en el campo del Derecho se fueron conformando históricamente los cuerpos docentes, y la percepción más actual de que para enseñar se requiere algo más que saberes disciplinares: "nos formamos enseñando, en el terreno, sin saber nada de pedagogía ni didáctica ni nada por el estilo", "ser abogado y ser docente de abogacía son cosas bien distintas", expresan.

Es necesario apuntar que las tradiciones más conservadoras al respecto parecen haberse superado en lo discursivo, y no existen abiertas negativas a la consideración de que algún tipo de formación docente complementaria a la trayectoria realizada en el propio campo disciplinar es necesaria, aunque tal afirmación opere en ocasiones apenas como discurso "políticamente correcto" sin trascender a prácticas concretas, y se verifique en los hechos que quienes toman esos cursos o seminarios de pedagogía y/o didáctica, técnicas de trabajo áulico, y formación docente de diversas características, o las más ambiciosas propuestas de posgrado como especializaciones y maestrías en "docencia universitaria", son los Auxiliares y Jefes de Trabajos Prácticos y en la Facultad de Ciencias Jurídicas y Sociales de la UNLP además los "Adscriptos"[20] –en los casos que tales instancias no les estan vedadas justamente por no tener aún cargo docente–, y de manera excepcional los Adjuntos, siendo una excepción en las dos facultades estudiadas Docentes Titulares en esas instancias formativas.

La cuestión enunciada confluye y se asocia con ese otro aspecto de gran importancia, que constituye una de las centrales discusiones en el campo de la Educación Superior, cual es el del funcionamiento de las

---

[19] Un estudio acabado de la formación docente en el campo del Derecho pede verse en Cardinaux, Clerico, Molinari, Ruiz (comp.) 2005, que si bien está centrado en la Facultad de Derecho UBA, no deja de hacer referencia y comparativos concretos con la Facultad de Ciencias Jurídicas y Sociales UNLP.
[20] El régimen de "Adscripción a la docencia" ha sido instaurado en la UNLP en el año 2011 y constituye una etapa de formación para la docencia de los jóvenes egresados.

"cátedras"[21]. Efectivamente, se trata de una estructura jerárquica[22] con formas cristalizadas de reparto de tareas y responsabilidades prácticas –es proverbial en la facultades en estudio, el "derecho" que asiste a los profesores Titulares de definir el programa de estudio de la asignatura, de resolver el modo de evaluación y aspectos centrales de la labor educativa, reduciendo en ocasiones el papel de los docentes que integran la cátedra a meros operadores que instrumentalizan definiciones y decisiones de las que no participan, y es proverbial también el modo en que esto se naturaliza y comparte por la comunidad educativa en su conjunto[23], que reduce la participación de quienes se desempeñan en categorías iniciales a roles subsidiarios y sin autonomía aún cuando en ocasiones deban asumir responsabilidades de reemplazo de categorías docentes más altas sin mediar mayor planificación ni preparación previa, y que dista de funcionar como "equipo" capaz de generar colectivamente propuestas de preparación de actividades y materiales para las clases, o de definir también colectivamente criterios de evaluación, y mucho menos de constituirse en espacio de reflexión y análisis de las propias prácticas– Cardinaux, Gonzalez y Palombo (ob.cit.) afirman: "…*son pocas las cátedras que se reúnen periódicamente para evaluar los cursos, discutir métodos de enseñanza, determinar criterios de evaluación o plantear actividades de formación…*" y agregan que la "espontaneidad" aparece altamente valorada en las opiniones de los docentes entrevistados como legitimación de la ausencia de toda planificación (pág. 213). Y todo ello sin considerar aspectos del funcionamiento que marchan paralelos y en el filo de las propias reglamentaciones y normatividad académica, amparados por un lado en las dinámicas veladas y crípticas que las cátedras favorecen, por otro en la capacidad de las comunidades académicas de sostener los denominados "secretos a voces"

---

[21] Sin embargo, deseamos explicitar en punto a la cuestión referida, que la crítica que efectuamos a las cátedras y su funcionamiento no deriva necesariamente en una adscripción del autor al sistema de "departamentos", dado que buena parte de las tachas e insuficiencias que aquí se efectúan a aquellas también se advierten en éstos. Tal aclaración deviene necesaria pues el debate se polariza entre ambos formatos organizativos de la docencia, pero la caracterización portadora de ciertos reparos e impugnadora de algunos aspectos del funcionamiento de las cátedras que aquí ensayamos no tiene por objeto tomar partido en el mismo.

[22] La relación de los profesores de Derecho con la "jerarquía" ha sido expuesta por Duncan Kennedy quien lúcidamente devela cómo la educación jurídica le aporta ideología a la jerarquía (2002), como asimismo Fitzpatrick (1998) y toda la línea de los Critical Legal Studies.

[23] Bianco y Carreras (ob.cit.) hacen referencia a la naturalización e inevitabilidad con que se perciben ciertas prácticas de enseñanza en la Facultad, afirmando que las mismas son consideradas por los profesores como "…*excluidas de las decisiones que toma el docente en su rol…*" (pág. 166).

–Cardinaux y Gonzalez (ob.cit.) hablan de "*...distanciamiento entre la organización formal y la real...*" (pág. 269)–.

Asimismo, este formato jerarquizado y cristalizado hacia el interior de las cátedras, hacen que el trabajo de los docentes hacia fuera de ellas se despliegue en el marco de lo que Hargreaves denomina "culturas balcanizadas" (1996), debido a la permeabilidad reducida que poseen los grupos y subgrupos que las conforman, sin comunicación ni contacto entre los mismos, y con muy bajos niveles de cooperación académica entre cátedras y asignaturas[24].

En otro orden de cosas, cierta línea de investigaciones que pone el acento en la consideración de los aspectos laborales y particularmente en la variable salarial, relativos a la docencia universitaria (Doberti, ob.cit.; García de Fanelli, 2008; Altbach, 2000; Dirie y Oiberman, 1999; entre otros), estima que en campos disciplinares como el del Derecho, el "costo de oportunidad"[25] que el ejercicio de la docencia universitaria implica resulta demasiado alto, dado los bajos niveles salariales de esta actividad –definitivamente cuando hablamos de los docentes de las facultades de Derecho nos referimos a docentes muy mal pagos– y las oportunidades fuera del mundo académico, aún ponderando el deterioro evidente de los mercados laborales alternativos para los abogados, en que el proverbial acceso al Poder Judicial, o a la burocracia estatal, o en calidad de aprendices a estudios jurídicos de importancia, es cada vez más reducido y dificultoso.

Completa este cuadro, un bajo nivel de sindicalización (Doberti, ob. cit.) que en las dos facultades en estudio es menor al 10 % del total de docentes –72 docentes, un 9 % aproximadamente, de la Facultad de Ciencias Jurídicas y Sociales UNLP se hallan afiliados a la Asociación Docente de la Universidad de La Plata (ADULP); y 187, un 11 % aproximadamente, de la Facultad de Derecho UBA se hallan afiliados a la Asociación Docente de la Universidad de Buenos Aires (ADUBA), según datos proporcionados por autoridades de las propias organizaciones–, y en concordancia con ello, un no asumirse como "docentes en condiciones de precariedad"

---

[24] Como respuesta a esta problemática, en la Facultad de Ciencias Jurídicas y Sociales UNLP se creó en el año 2010 el programa de Seminarios de Grado por el que los estudiantes deben completar un trabajo de Seminario como requisito para graduarse, constituyéndose la oferta académica de esa instancia con propuestas que elevan los docentes de la casa al Consejo Directivo, teniendo como requisito excluyente el carácter interdisciplinario de las mismas.

[25] Concepto de la ciencia económica acuñado por Friedrich Von Wieser en 1914, al que remitimos.

(Sisto Campos, 2005) o "en contextos laborales desfavorables" (Coicaud, 2008), que tiene por consecuencia una generalizada apatía de los profesores de las Facultades de Derecho para sumarse a los reclamos del sector –salariales o de cualquier otra índole[26]–, lo que resulta consecuente con el carácter subalterno con que asumen su condición de tales.

Sin embargo, un muy alto nivel de impugnaciones de los concursos docentes en esas instituciones, como no se registra en otras disciplinas, parece evidenciar una generalizada y férrea actitud de defensa de las posiciones logradas en un medio altamente jerarquizado como es el campo académico y la lógica de funcionamiento de las cátedras, que confluye además con determinantes profesionales y el "costo cero" o "casi cero" para impulsar esos reclamos sumamente formalizados y procedimentalmente específicos, así como también con lo que Popkewitz (1994) denomina "individualismo posesivo", como consecuencia no deseada de las culturas académicas que define como individualistas y competitivas, en las que las aspiraciones fundadas en el propio capital que se posee, habitualmente estimado al alza por la denominada "autorización de expectativas" (Bourdieu, 2003 b), funciona justificando la presentación de reclamos, pedidos de reconsideración, demandas y recursos judiciales; reforzado al decir de Coicaud (ob.cit.) por una "mercadotecnia de títulos, emulaciones y certificaciones", y esencialmente por estrategias de supervivencia académica.

Si bien no se cuenta con datos estadísticos precisos, "*...el noventa por ciento de los concursos se impugnan...*", afirma una autoridad del área específica de la Facultad de Ciencias Jurídicas y Sociales UNLP, agregando que buena parte de ellos terminan judicializados; y "*...en Derecho hay muchas impugnaciones, en otras facultades ni ahí, son excepciones...*" dice en tono coloquial una autoridad de la Universidad de Buenos Aires.

Un último eje caracterizador del claustro docente de las Facultades que constituyen nuestra unidad de análisis, está dado por la perspectiva de género[27] y la consideración de cuestiones tales como presencia de

---

[26] No hemos podido acceder a información precisa sobre participación de los profesores de Derecho en las medidas de fuerza llevadas adelante por los gremios docentes universitarios, pero podemos afirmar que históricamente ha sido muy baja.

[27] Los estudios sobre las perspectivas de género en la Educación Superior y particularmente en las Facultades de Derecho no abundan damos cuenta de unos pocos que se refieren específicamente a la Facultad de Derecho UBA y a la de Ciencias Jurídicas y Sociales UNLP, si bien en los últimos decenios han aumentado los referidos a esa cuestión en relación al ejercicio profesional de la abogacía y especialmente de la magistratura puede verse Bodelón, "*El análisis del género en los tribunales de justicia*", 1998; Ferrer, "*La mujer. Una historia*", 2001; Gastrón, "*Una nueva visión sobre las mujeres profesionales. El caso de las abogadas en la Argentina*", 2000;

mujeres y lugar que ocupan en la jerarquía docente propiamente dicha, así como en las tareas de gestión de las facultades.

Salanueva y Gonzalez (2005) en igual sentido Andriola (2014) refieren un vertiginoso aumento en la cantidad de profesoras mujeres en las facultades del campo del Derecho en todo el país sin dejar de apuntar que esa presencia no tiene aún su correlato "fuera de los muros académicos" (pág. 229), de la mano de lo que llaman "feminización del egreso", fenómeno por el que se registran desde la década de los años noventa los más altos niveles de egresadas mujeres en la Educación Superior.

Sin embargo, en relación a la distribución en la jerarquía docente, afirman encontrar un marcado predominio a favor de los hombres, ya que tan sólo el 18 % de los cargos de profesores Titulares, para el año 2005 en la Facultad de Ciencias Jurídicas y Sociales UNLP en que realizan su estudio, eran ocupados por mujeres, además encuentran más mujeres Auxiliares Docentes que Titulares, y expresan que, al igual que en la administración de justicia, los cargos de menor jerarquía son los que ocupan las mujeres: *"…a medida que desciende la cuota de prestigio y poder que otorga el cargo, aumenta la cantidad de mujeres…"* (pág. 237).

Beatriz Kohen (2005) por su parte, coincide parcialmente en el análisis, poniendo el foco en la Facultad de Derecho UBA también para el año 2005, y apuntando algunas diferencias menores en cantidades: el 30 % de los profesores Titulares y el 38 % de los profesores Adjuntos de esa facultad son mujeres, observando que en algunas áreas disciplinares como Derecho Privado y Derecho Social la presencia de mujeres aumenta algunos puntos. También indica que la presencia de mujeres es mayor en las dedicaciones de Tiempo Completo, lo que se explica por el tradicional rol que hombres y mujeres tienen dentro de la estructura familiar, por el que los proveedores económicos hombres deben ejercer la profesión y no pueden dedicarse en forma exclusiva a la academia. Finalmente, la autora consigna la ausencia de cursos y propuestas académicas con perspectiva de género en la Facultad de Derecho, a diferencia de otras unidades académicas de la UBA que ya han desarrollado incluso propuestas de posgrado.

En cuanto a responsabilidades de gestión, la ex Decana en Derecho de la UBA Dra. Mónica Pintos y la ex Vicedecana en Ciencias Jurídicas

---

Graschinsky y Giles, *"Los trabajos de las mujeres y los sueños de la igualdad"*, 2001; Kohen, *"¿Dónde estan las profesionales del Derecho en la ciudad de Buenos Aires?"*, 2005; Olsen, *"El sexo del Derecho"*, 2000; Ripoll, *"El feminismo en la enseñanza del Derecho en los Estados Unidos"*, 2005; Mac Kinnon, *"Integrando el feminismo en la educación jurídica"*, 2005; entre otros.

y Sociales de la UNLP abogada Rita Gajate, constituyeron circunstancias novedosas para estas facultades de Derecho.

Las necesarias críticas al derecho y a las instituciones de Educación Superior que llevan adelante la formación de abogados, desde la perspectiva de género, constituyen "*catalizadores de transformaciones democratizantes en su interior*" (Tomado de Fries y Facio, 1999). Más allá de lo expuesto, valga el interrogante y preocupación que compartimos con Salanueva y Gonzalez (ob.cit.), que expresan preguntándose si la paulatina mayor presencia de mujeres en la estructura docente de las facultades de Derecho es suficiente para romper viejos moldes de un Derecho que califican de "sexista", que fija y reproduce las desigualdades de género, o si por el contrario, contribuirán a esa reproducción de manera acrítica en forma de adaptación y cristalización de su propio "éxito".

Finalmente, considerar la pertenencia de los docentes referidos a dos casas de altos estudios de las más antiguas del país y de las más grandes, en las que la masividad de la enseñanza es una realidad tangible, también aporta elementos de juicio a partir de entender que tales circunstancias no podrían no influir en los aspectos considerados, sobre todo en lo relativo a la consolidación de tradiciones, formatos organizativos, jerarquías y habitus, entre otras cosas, que dan como consecuencia modelos más rígidos, mayor resistencia a los cambios y mayores dificultades para implementar procesos de reforma; como asimismo en lo relativo a las homogeneidades encontradas, a cuya conformación contribuyen junto con las particularidades disciplinarias.

4. La investigación en la Facultad de Ciencias Jurídicas y Sociales de la UNLP

Aunque cierta línea de trabajos relativizan la producción de conocimiento en la Facultad de Ciencias Jurídicas y Sociales Gonzalez y Marano, 2010; 2008; Marano, 2003; entre otros entendemos que la misma, a pesar de su innegable perfil profesionalista, nunca abandonó del todo su afiliación al proyecto fundacional de la Universidad Nacional de La Plata, de institución orientada a la investigación.

Aún con la fuerte impronta profesionalista que el campo disciplinar le imprimió y que el contexto social le ha requerido, con distintos énfasis en los distintos momentos históricos que la fueron contextualizando como desarrollamos en el título anterior, siempre y en cada etapa supo incubar espacios, más o menos formalizados, más o menos alentados, y lamentablemente nunca lo suficientemente extendidos, pero calificados y relevantes, para la producción de conocimiento.

Su estructura institucional se conforma en el desdoblamiento funcional de las Cátedras y los Institutos desde tiempos fundacionales.

Efectivamente, mantiene el tradicional formato de Cátedras con la modalidad de "cátedras paralelas"[28] en la que conviven dos y hasta tres cátedras diferentes, con también diferentes enfoques de la misma asignatura para el desarrollo y atención de las necesidades de los procesos de enseñanza y de aprendizaje; y el de Institutos para el desarrollo de la investigación.

Las actividades de Investigación están coordinadas por una Secretaría de Investigación Científica[29], y una Comisión de Investigación Científica[30] compuesta por seis miembros con funciones consultivas evaluar y avalar proyectos de solicitud de incentivos, informes bianuales de Mayores Dedicaciones, becas e informes de los Institutos, entre otras[31].

Asimismo, integrando la Secretaría de Investigación funciona la Dirección de Seminarios que tiene por tarea el armado y coordinación de los Seminarios Optativos de Grado de la carrera de Abogacía; y la Coordinación de Institutos y Producción Científica que constituye soporte y coordinación para el funcionamiento de los Institutos, realiza un esencial trabajo de asistencia a los docentes de la casa en la presentación de proyectos de investigación, categorizaciones, becas, etc., y de mediación de éstos con las instancias institucionales superiores de investigación como

---

[28] No abundaremos en este aspecto que excede ampliamente el presente trabajo, pero sí entendemos necesario apuntar que el postulado Reformista de "cátedras paralelas" aún con ciertas objeciones en lo relativo a su funcionamiento real y al modo en que los agentes traducen en practicas académicas los postulados institucionales constituye una modalidad de organizar la enseñanza, sustentada en concepciones democráticas de la producción, reproducción y transmisión de conocimiento, que sin embargo se halla generalizadamente subvaluada en la literatura sobre Educación Superior e incluso en las experiencias institucionales más nuevas Universidades creadas desde la década de los '90 hasta la fecha que, en general, prescinden de ella en su esquema organizativo.

[29] Creada por Resolución del HCA en el año 1992, siendo su primer Secretaria la Dra. Olga Salanueva.

[30] Creada por Resolución del HCA en el año 1999.

[31] Resoluciones del HCA 256/99 y 76/00.

el Area de Ciencia y Técnica de la UNLP, la Secretaría de Políticas Universitarias del Ministerio de Educación, etc..

Se trata de un ámbito institucional que funciona con bajo presupuesto, poco personal y escasa infraestructura, que reduce sus tareas a aspectos administrativos, sin incidencia efectiva en la producción de conocimiento, y que, limitada y/o imposibilitada para diseñar y/o promover políticas de investigación en la Facultad para el campo[32], deviene en meramente mediadora administrativa (Carullo y Vaccarezza, 1997; Prati, 2004; Prego y Prati, 2006; Perez Lindo, 2005; entre otros) de las políticas diseñadas y decididas en otros ámbitos.

Las tareas de investigación que en la Facultad se llevan adelante encuentran su espacio propicio en los "Institutos de Investigación"[33]. Dicen González y Marano (2008): "...*Los institutos constituyeron parte de la historia de la Facultad desde su fundación...*" aunque, agregan "...*en líneas generales tuvieron vaivenes en su funcionamiento...*" (pág. 661).

Afirma Gonzalez (2007) que la ausencia de una política global de investigación en la facultad llevó a que los institutos asumieran su labor en forma aislada, presentando mucha diversidad en su desarrollo según el mayor o menor impulso que sus directores, secretarios y miembros le imprimieron.

En la actualidad son 16 institutos: de Derecho Social; de Derecho Constitucional y Politico, Dr. Carlos Sanchez Viamonte; de Cultura Jurídica; de Integración Latinoamericana; de Derecho Notarial y Registral; de Derechos Humanos; de Relaciones Internacionales; de Derechos del Niño; de Política y Gestión Pública; de Medios Alternativos de Resolución de Conflictos; de Derecho Penal; de Derecho Procesal; de Derecho Civil; de Derecho Comercial; de Derecho Administrativo; de Minería; con

---

[32] El propio Informe de Autoevaluación 2010 de la Facultad de Ciencias Jurídicas y Sociales expresa, en relación al bajo número de Mayores Dedicaciones y de Investigadores Categorizados en el Programa de Incentivos que "...*Estos números hacen difícil planificar una política sustentable en materia de investigación...*" (pág. 68).

[33] Siendo precursor el histórico "*Instituto de Altos Estudios Jurídicos de la Facultad de Ciencias Jurídicas y Sociales de la UNLP*", creado en 1928 durante el decanato del Dr. Lascano. Resulta un hito la tarea realizada por el Instituto en relación al proyecto de Reforma Procesal, y también al estudio preparatorio de la Reforma del Código Civil, junto a otras múltiples tareas científicas de jerarquía (González y Marano, 2008; Salanueva, 1997; Morello, Sosa y Nogueira, 1985; entre otros). Constituyen los primeros antecedentes en la Facultad de lo que hoy se denomina "Investigación de transferencia", de puesta en acción de tareas de Extensión Universitaria vinculadas con Investigación, y de las más preclaras concepciones de articulación de la universidad con el medio a partir de la producción de conocimiento.

diversa trayectoria y nivel de actividad, careciéndose de una normativa interna que regule su funcionamiento la Resolución del HCD 90/12 tiene por pretensión ir llenando ese vacío, regulando el concurso de Directores y Secretarios "por equipo" y con un Proyecto de Investigación a desarrollar durante la gestión.

Sus tareas exceden las de investigación, promoviendo la casi totalidad de los posgrados que en la Facultad se dictan, y realizando también capacitación interna y en algunos casos extensión universitaria[34].

El Informe de Autoevaluación Institucional 2013 expresa que constituyen "...*ámbito de reunión, formación de recursos humanos y contención de los docentes por especialización temática, independientemente de las Cátedras y cargos que formalmente detentan...*" (pág.26).

Sin embargo, no puede constituir un dato menor el esfuerzo que significa a estos Institutos cumplimentar los requisitos exigidos por la normativa vigente de la UNLP Ordenanza Nro. 284 para ser reconocidos por el Consejo Superior de la Universidad.

Algunos de los motivos que explicarían esta situación surgen del mismo Informe de Autoevaluación Institucional 2013 ya citado: "...*La propia estructura de la Facultad, el bajo porcentaje de docentes con mayor dedicación y las altas exigencias que pone la norma en cabeza de los Institutos...*".

En cualquier caso, se trata de una legislación de la Universidad que regula formatos laboratorios, centros e institutos con requerimientos de docentes con Mayores Dedicaciones y Categorizados en el Programa de Incentivos a los que la Facultad sencillamente no puede abastecer por carecer de ellos, pero por sobre todo, porque ha sido pensada desde las lógicas de los campos cientificistas centralmente Ciencias Exactas en desconocimiento de las peculiaridades de los campos profesionalistas, y especialmente ajena a las tradiciones del campo del Derecho, que parecen producir un efecto opuesto al del fomento e impulso de la investigación en la Facultad[35].

---

[34] Los institutos de investigación devinieron en actores potenciados a partir del Programa de Incentivos y la institucionalización de la investigación en la Facultad, acumulando capital simbólico y material.

[35] No obstante ello, estas circunstancias y la necesidad de adecuación de la estructura de investigación de la Facultad a los "nuevos" requerimientos reglamentarios, probablemente puedan constituirse en argumentos de sostén de estrategias positivas de avance de la Unidad Académica en la Universidad, que deberían traducirse en más cantidad de recursos para investigación y de Mayores Dedicaciones.

En cuanto a la producción de la Facultad de Ciencias Jurídicas y Sociales, para el año 2012 se registraron 24 Proyectos de Investigación en curso (Informe de Autoevaluación Institucional año 2013).

Esta cifra es muy significativa si se tiene en cuenta el promedio histórico anual de Proyectos de Investigación de la Facultad desde el inicio del Programa de Incentivos a Docentes-Investigadores, que para el primer decenio de funcionamiento del mismo período 1994-2005 tenía en ejecución 77 Proyectos (Orler, 2007, 2010, 2013); y para el quinquenio siguiente 2006-2010 casi la misma cantidad: 78 Proyectos (Anuario Estadístico UNLP, 2011), dando por resultado un promedio de poco más de 10 Proyectos por año.

La distribución de los mismos por Area de Conocimiento permite afirmar que las áreas Socio-Jurídicas y del Derecho Público son las que mayor producción de investigación desarrollan desde el inicio del PI, aunque advirtiéndose un aumento de la presencia de Proyectos del área del Derecho Privado que en el primer período apenas rondaban el 10 % del total y en la actualidad alcanzan el 29 %.

Su variación a lo largo del funcionamiento del PI puede verse en las siguientes tablas que ilustran la producción al año 2012 y la del decenio 1994-2005:

AÑO 2012

Derecho Privado	29 %
Socio-Jurídicos	46 %
Derecho Público	25 %

Fuente: Informe de Autoevaluación Institucional 2013.

DECENIO 1994-2005

Derecho Privado	10 %
Socio-Jurídicos	48 %
Derecho Público	42 %

Fuente: producción propia. Orler, 2007, 2010.

Finalmente, esta producción es difundida y se integra al circuito científico internacional con prestigiosas publicaciones que se editan en el ámbito de la Facultad siendo las más visibles: la *Revista Anales* fundada en 1926 constituye la publicación institucional de la unidad académica, y además los Institutos tienen sus publicaciones: la *Revista de Derecho y Ciencias Sociales* del Instituto de Cultura Jurídica; la *Revista Relaciones Internacionales* del Instituto de Relaciones Internacionales indizadas en Latindex y avaladas por el CONICET, la Revista *Aportes para la Integración Latinoamericana* del Instituto de Integración Latinoamericana, la Revista *Niños, Menores e Infancias* del Instituto de Derechos del Niño, y la Revista *Intercambios* de la Especialización en Derecho Penal.

5. La investigación en la Facultad de Derecho de la UBA

La Universidad de Buenos Aires, en tanto institución ligada a los destinos de la nación desde los orígenes mismos de su organización sita en el centro económico y político de la república que asumiendo su carácter federal hizo de la Buenos Aires bonaerense una Buenos Aires capital de los estados federados imprimiendo tal impronta a la propia institución de Educación Superior supo constituirse en eficaz e inestimable proveedora de cuadros a las burocracias nacientes hasta nuestros días, siendo su Facultad de Derecho la unidad académica que esencialmente aportó aporta profesionales a la estructura político-administrativa del estado nacional (Ortiz, 2012).

Tal circunstancia parece constituir el eje conceptual histórico que aporta identidad a la institución: "...*cumplió un papel central en la socialización de las clases dirigentes porteñas durante las décadas centrales del siglo XIX...*" (Programa Historia y Memoria, UBA);

> ...*más allá de la formación técnica profesional de los estudiantes de derecho, la Facultad de Derecho fue, desde los tiempos fundacionales, y aun antes, un espacio de formación de buena parte de la clase dirigente en la construcción del estado moderno argentino, pero también de cuestionamiento a las élites dirigentes...* (Historia de la Facultad, Página Web de la Facultad de Derecho de la UBA).

Asimismo, vino a desempeñar un papel de la mayor trascendencia en la vida intelectual, social y política del país, siendo central en su vida pública : "...*ejerce todavía, gracias a su larga historia y al prestigio consolidado a lo largo del tiempo, un papel central en los debates y controversias sobre la vida universitaria argentina...*" (Programa Historia y Memoria, UBA).

La Facultad de Derecho se define a sí misma como "*una institución en constante cambio*"[36], cuya historia guarda "*estrecha vinculación*" con la historia de nuestro país[37].

Su organización académica combina de modo sui generis la tradicional estructura de cátedras que nunca dejó de imponer sus lógicas y hábitos académicos, con el formato Departamental establecido desde la reforma del Estatuto de la Universidad en 1958 como intento de reestructuración modernizadora, y posteriormente avivado por la reforma del Plan de Estudios del año 1985 que hacía de esa forma organizativa un presupuesto sustancial de su desarrollo y funcionamiento.

Alvarez y Ruiz (2005) analizan lo que denominan "organización de la docencia" en la UBA, en un desarrollo del sentido teórico e histórico de las estructuras organizativas "departamento" y "cátedra", afirmando que "...*en el caso de la UBA, su estatuto solapa la estructura departamental como una opción a ser tomada por las unidades académicas en virtud de las competencias por él otorgadas a las facultades...*", completando que "...*con diferentes niveles, alcances y variaciones a lo largo de los últimos cuarenta*

---

[36] "*Acerca de la Facultad*", Página Web de la Facultad de Derecho de la UBA.
[37] "*Historia de la Facultad*", Página Web de la Facultad de Derecho de la UBA.

años, las unidades académicas de la UBA han optado por los departamentos como forma de organización académica de la docencia..." e indicando que son la excepción las Facultades de Odontología, Ciencias Sociales, y Filosofía y Letras (pág. 93).

Cardinaux, Clérico, Molinari, Ruiz y Starowlansky (2005), dan cuenta de una pretensión inicial de reemplazo gradual de la Cátedra, por la estructura organizativa del Departamento en la Facultad de Derecho, afirmando sin embargo que en los hechos el Departamento "...*ha quedado más como una unidad administrativa que como una unidad de organización académica de la docencia...*" (pág. 127)

El agrupamiento de las asignaturas afines en "Departamentos", en realidad data del año 1956 durante la intervención del rector José Luis Romero, quien la impuso no sin la resistencia de amplios sectores de la comunidad académica, fundamentalmente del movimiento estudiantil, que entendía esta "departamentalización" como un intento de atomización y despolitización que atentaba contra la democracia universitaria, asociándola al modelo de las universidades norteamericanas en las que ese formato organizativo va ligado a la inexistencia de cogobierno y al apoliticismo estudiantil.

Departamentalización de perfil limitado (Prego, 2010) atento que no vino a reemplazar el sólido y arraigado dualismo Cátedras-Institutos, sino a convivir con él, merced a cierto formato normativo que supo dar lugar a los decursos alternativos que las circunstancias de la coyuntura imponían. Así, frente a la puesta en acción más amplia e integral de la departamentalización que se ensayó en la Facultad de Ciencias Exactas en esa coyuntura histórica, es posible distinguir la experiencia más circunscripta realizada en la Facultad de Derecho.

La manera en que las Cátedras producen poder material y simbólico en las disputas del subcampo académico dentro del campo del Derecho y sin dudas lo producen y sostienen frente a atribuciones no menores de los Departamentos que en ese mismo ámbito se despliegan como oferta de cursos por Departamento, concursos docentes por Departamento, desarrollo de la investigación también con sede en los Departamentos, entre otras cuestiones, así como también el modo en que ambas instancias organizativas desenvuelven sus dinámicas institucionales a veces en armonía a veces con contradicciones, constituye una complejidad difícil de descifrar que nos excede y amerita una investigación específica.

Son once Departamentos compuestos por un director, un subdirector y un consejo consultivo: de Ciencias Sociales, de Derecho Económico y Empresarial, de Derecho Penal y Criminología, de Derecho Privado I y de Derecho Privado II, de Derecho Público I y de Derecho Público II, de Derecho del Trabajo y de la Seguridad Social, de Filosofía del Derecho, de Derecho Procesal, y de Práctica Profesional.

La estructura institucional de investigación de la Facultad es coordinada por una Secretaría de Investigación creada en los años noventa de modo análogo a la mayoría de las instituciones de Educación Superior en nuestro país en años anteriores estaba anexada a otras Secretarías como la de Posgrado, o la de Relaciones Institucionales, encargada de canalizar por la Facultad la programación científica UBACyT y también la programación CONICET-FONCYT convocatoria y difusión de proyectos, asesoramiento a docentes-investigadores y a evaluadores, ayuda administrativa, asimismo todo lo relativo al Programa de Incentivos y Categorizaciones docentes.

Sin embargo esta función "mediadora" de limitado carácter administrativo que asume la Secretaría de Investigación que distinguíamos también en la Facultad de Ciencias Jurídicas y Sociales de la UNLP y que constituye un común denominador para este área en todas las universidades nacionales producto del modo en que el Programa de Incentivos y las lógicas del estado evaluador se imponen logra ser relativamente superada en la Facultad de Derecho de la UBA, debido a que también desarrolla una programación de investigaciones con financiación y acreditación propia[38], de más reciente data a partir del año 2010 constituida por los denominados Proyectos DeCyT del Programa de Acreditación Institucional de Proyectos de Investigación en Derecho, cuyo objetivo es "...*reconocer institucionalmente y apoyar la consolidación académica de investigaciones desarrolladas por equipos de docentes de nuestra Casa...*" (Documento Presentación Programa DeCyT, 2010).

Resulta de la mayor significación que para el año 2013 la cantidad de Proyectos DeCyT superaba ampliamente la de los Proyectos UBACyT, ya que de un total de 46 Proyectos en curso, 31 correspondían a la programación DeCyT.

---

[38] Aunque replicando los formatos del Programa de Incentivos si bien con algunas "flexibilidades" y menor rigurosidad de requisitos formales y asumiendo implícitamente los paradigmas de investigación que el mismo promueve.

Dentro de la esfera de la Secretaría funciona además el Instituto de Derecho de las Comunicaciones, el Centro de Estudios Interdisciplinarios de Derecho Industrial y Economía, el Centro de Estudios de la Actividad Regulatoria Energética, el Centro de Estudios de Derecho Financiero y Tributario, el Centro de Estudios de Ejecución Penal, el Centro PACEM de Estudios Interdisciplinarios sobre Pymes, Arbitraje, Comercio Electrónico y Mercosur, y los Observatorios de Salud, y de Derecho del Turismo.

Asimismo, la Secretaría de Investigación ha puesto recientemente en marcha una batería de programas destinados a la formación en investigación de los estudiantes de grado. Efectivamente, los programas de *"Participación y Adscripción en Proyectos de Investigación"* promueven la participación de estudiantes en carácter de auxiliares de investigación, en proyectos en curso en la Facultad, y son reforzados con *Becas de Investigación* para estudiantes que participan en proyectos UBACyT y DECyT. Asimismo, los *"Seminarios de Investigación"* y *"acreditación de puntos del CPO en investigación"*, apuntan a que los estudiantes cursen seminarios de metodología y realicen actividades de investigación susceptibles de acreditarse dentro de la malla curricular de la carrera, en los Cursos de Promoción Orientada. Finalmente, y como corolario, la Facultad expide un *"Certificado de Formación en Investigación"* a todo graduado que haya optado por esas propuestas académicas y cumplido con los requisitos establecidos por la reglamentación correspondiente (Res. del HCD 1663/12).

Las actividades de investigación se hallan centralizadas en un único Instituto[39], el Instituto de Investigaciones Jurídicas y Sociales Ambrosio Lucas Gioja, creado el 5 de marzo de 1984[40] con fundamento en *"la necesidad de evitar la dispersión de esfuerzos y prevenir la eventual superposición de tareas ante la existencia de numerosos institutos"*.

Tiene por objetivos:

a) Aprovechar mas eficientemente la capacidad instalada de infraestructura: el Instituto cuenta con cuatrocientos cincuenta metros de dependencias afectadas a la investigación, como así también los elementos disponibles tanto culturales como materiales y humanos; b) Coordinar racionalmente los esfuerzos de investigación individuales y grupales que se hacían artesanalmente en las cátedras y en

---

[39] La decisión político-institucional de concentrar en un único instituto la investigación en la Facultad resultó fuertemente cuestionada y resistida por los institutos pre-existentes, provocando que alguno de ellos el Instituto de Historia del Derecho se fuera de la Facultad y continúe funcionando hasta la fecha fuera de ella.
[40] Resolución 136/84 de la UBA.

los Institutos especializados; c) Promover la investigación interdisciplinaria e institucional tal como lo estan haciendo los Institutos Universitarios de Investigación de los principales países de Occidente; d) Incentivar las investigaciones mediante el estímulo a la investigación profesional".

El Instituto posee miembros permanentes y adscriptos, y es sede de Becarios tanto de la Universidad como del CONICET. Los miembros permanentes son docentes que poseen Mayores Dedicaciones Exclusiva o Semiexclusiva para investigación, como así también investigadores del CONICET con sede de trabajo en el Instituto. Los miembros adscriptos lo integran en forma transitoria, como investigadores visitantes, doctorandos, o Auxiliares Docentes miembros de algún equipo de investigación.

Registra 43 investigadores permanentes y 89 adscriptos, y son sus autoridades un Director, un Vicedirector y un Consejo Asesor.

La producción de investigación en la Facultad de Derecho de la UBA de acuerdo a lo ya adelantado se integra con Proyectos de Investigación del programa UBACyT y del programa DECyT[41].

En el período 2004-2012 se registraron 98 Proyectos de Investigación, cuya distribución por Área de Conocimiento puede observarse en el siguiente gráfico que refleja la escasa presencia de investigaciones de Derecho Privado en contraste con la importante presencia de investigaciones de Derecho Público, de modo análogo a lo observado en la Facultad de Ciencias Jurídicas y Sociales de la UNLP. Sin embargo, a diferencia de ésta, en la Facultad de Derecho de la UBA no resultan significativas las investigaciones del área Socio-Jurídica constituyen un escaso 8 %, con mayoría de proyectos de investigación del mencionado área de Derecho Público que alcanza al 70 % del total.

---

[41] Esta producción constituyó objeto de estudio del Proyecto de Investigación DeCyT 1228 que tuve oportunidad de dirigir, financiado por la Facultad de Derecho UBA, período 2013-2014, *"Metodología de la Investigación en el campo del Derecho. Caracterización de la producción de conocimiento en la Facultad de Derecho de la UBA".*

Derecho Privado	22 %
Socio-Jurídicos	8 %
Derecho Público	70 %

Fuente: producción propia. Proyecto de Investigación DeCyT 1228, Facultad de Derecho, UBA.

Finalmente, la circulación de la producción científica de la Facultad se realiza centralmente con el esfuerzo y financiación del propio Departamento de Publicaciones, definido como "*...ámbito desde donde se promueve la difusión de tesis doctorales, informes de investigación y literatura jurídica en general referida a una gran diversidad de temas...*" (Departamento de Publicaciones de la Facultad de Derecho de la UBA, página web).

Posee un catálogo de más de 100 títulos de libros editados; y las siguientes publicaciones periódicas: *Lecciones y Ensayos* desde 1956, revista dirigida por estudiantes, dependiente del Departamento de Publicaciones de la Facultad; *Revista Jurídica de Buenos Aires* desde 1957, dependiente del Departamento de Publicaciones de la Facultad; *Academia Revista sobre enseñanza del Derecho* indizada en Latindex, desde 2003, dependiente del Departamento de Publicaciones de la Facultad; la *Revista Electrónical del Instituto A.L. Gioja*; y la Revista *Pensar en Derecho* de reciente aparición. Asimismo desarrolla proyectos como el de la *Revista Latinoamericana de Crítica Jurídica*, en coedición con la UNAM.

Capítulo IV
Las políticas articuladoras en el campo del Derecho

1. La articulación docencia-investigación en la Facultad de Ciencias Jurídicas y Sociales de la UNLP

La Facultad de Ciencias Jurídicas y Sociales de la UNLP desarrolla su política de investigación institucional en tres formatos de instrumentación y financiamiento, que con diversa autonomía y distinta envergadura van sustentando, de modo coordinado o no tanto, la producción de conocimiento en el campo del Derecho y el desarrollo de un modelo "de integración" que descansa en sus docentes-investigadores. Efectivamente: 1) el sistema de Mayores Dedicaciones, el Programa de Becas Internas de Investigación de Iniciación, Perfeccionamiento y Formación Superior sumado al Programa de Retención de Recursos Humanos, en concertación con la Universidad a la que pertenece y conforma; 2) el Programa de Incentivos a Docentes-Investigadores, que baja desde la Secretaría de Políticas Universitarias del Ministerio de Educación de la Nación; y 3) ciertos novedosos Programas de Estímulo a la iniciación en Investigación, financiados por la propia Facultad, constituyen la batería de formatos institucionales y recursos disponibles para la investigación en la unidad académica.

La primera de las instancias mencionadas, las Mayores Dedicaciones, prospera en el marco del conjunto de unidades académicas que componen la UNLP, con las tensiones y complejidades de dinámica universitaria que requieren de capacidad de negociación e incidencia en la distribución de recursos para fortalecer posicionamientos. Se trata en definitiva de las pugnas por la distribución presupuestaria que caracterizan a la "federación de facultades" (Clark, 1991 a), y que en el marco de su Autonomía se desenvuelven y resuelven.

La Facultad asumió una política de promoción y desarrollo de las Mayores Dedicaciones para investigación de modo sostenido y sistemático desde la década de los noventa en 1994 se otorgaron 5 Dedicaciones Exclusivas y 9 Semiexclusivas, sin embargo, la estrategia de presión y reclamo por las mismas hacia la Universidad había comenzado en los años posteriores a la última dictadura, desde 1983, y sobre todo luego de superado el denominado período "Normalizador". Aún así, en períodos anteriores, como 1958-1966 y 1972-1976 pueden detectarse algunas Mayores Dedicaciones aisladas otorgadas a la Facultad[1].

En el año 2005 se realizó una convocatoria para su ampliación, otorgándose 10 Dedicaciones Semiexclusivas a docentes que estaban categorizados en el PI.; sumándose en el año 2006 y 2008 4 Dedicaciones Semiexclusivas más en cada año (Informe de Autoevaluación, 2010, pág. 73). Finalmente, en el año 2013 fueron llamadas a concurso 6 Semidedicaciones que a la fecha se hallan en trámite.

Al año 2010 la Facultad contaba con 42 Mayores Dedicaciones, siendo 13 Dedicaciones Exclusivas y 29 Semiexclusivas (Informe de Autoevaluación Institucional 2010).

Sin embargo, se refiere que falta una política tendiente a otorgar Mayores Dedicaciones a jóvenes, y que los últimos llamados sólo han propiciado el aumento de Dedicación de quienes ya tenían Dedicación Semiexclusiva, por lo que no ha logrado ampliarse la base de docentes con Mayores Dedicaciones (Informe de Autoevaluación Institucional 2010, pág. 96).

Por otro lado, el Programa de la Secretaría de Políticas Universitarias, de Incentivos a Docentes-Investigadores, que es percibido por los agentes académicos como burocracia inútil e impuesta, y que no logra concitar la atención más allá del pequeño grupo de los "nucleos duros" de investigadores del campo.

Sin embargo, el mencionado Informe de Autoevaluación lo refiere como contribuyendo de manera importante a la formación y consolidación de un cuerpo de docentes-investigadores en la Facultad y a su

---

[1] De forma análoga a la Facultad de Derecho de la UBA.

profesionalización, "...*gozando de prestigio interno entre el núcleo duro de los investigadores...*" (Informe de Autoevaluación Institucional 2010, pág. 66), aunque la gran mayoría de los docentes de la Facultad no participa del Programa de Incentivos y no se halla categorizado en él.

Al año 2010 tan sólo 57 docentes de la casa se hallaban categorizados en el Programa de Incentivos, por lo que se detectaba casi un tercio de docentes que participaban en proyectos de investigación que aún estaban en proceso de categorización atribuido ello a las demoras en la Categorización de 2009 (Informe de Autoevaluación Institucional 2010, pág. 74); pero además, no llegaban a una veintena los docentes que efectivamente lo cobraban.

Según lo expresa el propio Informe de Autoevaluación Institucional que tomamos de base, los docentes que participan formalmente del sistema de investigación son pocos: de un total de 773 docentes que integraban la planta de la Facultad al año 2009, "...*sólo 79, es decir un 10,78 % está vinculado a la investigación...*"(pág. 67), expresando la dificultad de planificar una política sustentable en materia de investigación (pág. 68).

El siguiente cuadro muestra la confluencia entre Mayores Dedicaciones y Categorización en el Programa de Incentivos, de los 79 docentes-investigadores de la Facultad de Ciencias Jurídicas y Sociales UNLP que estaban participando en distintos proyectos de investigación, al año 2010:

Categoría	Dedicación Exclusiva						Dedicación Semiexclusiva						Dedicación Simple						TOTAL
	I	II	III	IV	V	S/C	I	II	III	IV	V	S/C	I	II	III	IV	V	S/C	
Docentes	3	4	4	2	0	0	1	2	5	6	11	4	1	1	4	6	7	18	79

Fuente: Informe de Autoevaluación 2010.

El siguiente cuadro muestra la distribución de Categorizaciones en el Programa de Incentivos en relación con los Cargos Docentes de la Facultad, al año 2010:

	I	II	III	IV	V	S/C	Total
Titulares	5	6	7	1	1	0	20
Adjuntos	0	1	6	12	11	7	37
Jefes de Trabajos Prácticos	0	0	0	1	4	4	9
Auxiliares Docentes	0	0	0	0	2	11	13
Total Categorías	5	7	13	14	18	22	79

Fuente: Informe de Autoevaluación 2010

En cuanto a Becarios de Investigación financiados por la UNLP, se observa que hay pocos, y ninguno en la máxima categoría, detectándose dos situaciones dignas de considerarse: por un lado, una fuga hacia el ejercicio profesional de quienes habiendo transitado por las Becas de Inicio y Perfeccionamiento no llegan a las Superiores[2] atendiendo a esta situación, la UNLP creó el Programa de Retención de Recursos Humanos; por otro "...*una fuerte presión de los noveles abogados para el ingreso al sistema formal de enseñanza (docencia) e investigación (becas)*..." (Informe de Autoevaluación Institucional, pág. 67).

Se registraban al año 2010: 3 Becarios de Iniciación, 2 Becarios de Perfeccionamiento, y ninguno Superior; hallándose 1 Becario en el Programa de Retención de Recursos Humanos (todos ellos financiados por la Universidad).

Instrumentados y financiados por la propia Facultad existen distintos programas que otorgan el pago de becas de investigación e iniciación en la investigación a docentes de la casa; y el Programa de Estímulo a la Iniciación en Investigación, dirigidos a jóvenes graduados de hasta tres años de recibidos.

Finalmente, es necesario mencionar la reforma del Plan de Estudios aprobada en la Facultad por Resolución 336/2013 puesta en marcha en el Ciclo Lectivo 2016, que prevee espacios de Orientación Profesional en

---

[2] De modo análogo a otras disciplinas de las Ciencias Sociales, aunque en esos casos la fuga se produce hacia el CONICET y organismos científicos.

que "Docencia e Investigación" aparece como un *"nuevo perfil de egresado abogado constructor de ciencia"*, construyéndose el mismo desde una nueva asignatura del primer año de la carrera: Introducción al Pensamiento Científico, que abre nuevas perspectivas en punto a la *articulación* que estudiamos.

2. La articulación docencia-investigación en la Facultad de Derecho de la UBA

La Facultad de Derecho UBA avanza en formatos de *articulación* a partir de tener definida institucionalmente la pretensión de desarrollo de ciencia académica.

Al igual que en la Facultad de Ciencias Jurídicas y Sociales de la UNLP el modelo de *articulación* que se intenta tiene por agente académico de sustento a los docentes, de quienes se espera que desarrollen investigación se trata del modelo "de integración", y los programas que bajan desde la Secretaría de Políticas Universitarias del Ministerio de Educación de la Nación, así como los de la Universidad de Buenos Aires, así lo promueven.

La Facultad de Derecho está compuesta por un universo de 1817 docentes rentados y 1691 docentes ad honorem, siendo la situación de revista de los rentados en casi un 50 % regulares y un 50 % interinos, y cuenta con una cantidad de 305 docentes-investigadores 8,7 % (Fuente: Censo UBA 2011).

Junto a todas las Facultades del campo disciplinar en el país, se constituye en "convidado de piedra" frente a las decisiones de la institucionalidad superior que es la que define los modelos y las políticas educativas para impulsarlos sin considerar sus características y particularidades, debiendo alinearse e instrumentar programas que son ajenos a su cultura académica y disciplinar, y cuyos agentes aún quienes se hallan en la punta de la pirámide de las categorizaciones vivencian con incordio.

Los docentes categorizados en el Programa de Incentivos, al año 2010 eran un total de 143 —estimándose en un ciento por ciento más, los docentes que a ese año aún no estaban categorizados por las demoras del proceso de categorización 2009—:

	I	II	III	IV	V		Total
Docentes	17	29	24	33	40		143

Fuente: Elaboración propia a partir del Informe de la Secretaría de Investigación y del Censo UBA, 2011.

Asimismo, en el siguiente cuadro podemos ver los antecedentes y variación de esa categorización docente en la Facultad de Derecho, considerando la primera de ellas cuando se lanzó el PI en el año 1998, y luego la del año 2004:

	I	II	III	IV	V		Total
Categorización 1998	16	25	19	12	14		86
Categorización 2004	4	10	15	20	20		69

Fuente: Elaboración propia a partir del Informe de la Secretaría de Investigación y del Censo UBA, 2011.

Puede observarse una baja generalizada de aproximadamente 11 % —aunque recuperada en la siguiente categorización 2009—. Asimismo las categorías mayores —I, II y III— se registran a la baja, y en las categorías más bajas —IV y V— que reflejan la incorporación al sistema, puede verse un aumento.

La Facultad desarrolla centralmente y en paralelo al Programa de Incentivos, un sistema de Mayores Dedicaciones respecto del cual los responsables de gestión del área de investigación refieren un cambio de estrategia institucional de la Facultad, que desde hace dos décadas aproximadamente ha comenzado a pugnar por ellas con mayor énfasis, constituyéndose en actor principal al momento de reclamar ante la universidad esas asignaciones que en la actualidad devienen bienes escasos.

Se advierte una estrategia de asignación de las mismas a docentes de franjas etarias más bajas.

Históricamente la Facultad de Derecho había contado con algunas excepcionales Mayores Dedicaciones, inclinándose siempre hacia las Semiexclusivas debido al régimen de incompatibilidades más laxo que detentan como desarrollaremos en el Capítulo VI *Contexto Histórico*, Segunda Parte, la propia figura de Mayor Dedicación "morigerada", la Dedicación Semiexclusiva, surgió en la Universidad de Buenos Aires casi a medida de las Facultades de Derecho y de Medicina y en la actualidad las mismas representan casi el triple de las Dedicaciones Exclusivas.

No obstante ello, es significativa la escasa cantidad de Mayores Dedicaciones en términos absolutos, pero también en términos relativos comparados con otras Facultades de Derecho de las Universidades Nacionales del país.

Según las cifras brindadas por el CENSO Docente 2011, las siguientes son las distribuciones de Mayores Dedicaciones entre Profesores Titulares y Adjuntos y Auxiliares Jefes de Trabajo Prácticos, y Auxiliares de Primera y Segunda categoría de la Facultad de Derecho UBA:

	Exclusiva	Semiexclusiva	Simple	TOTAL
Profesores	10	25	964	999
Auxiliares	1	1	764	766
Otros			52	52

Fuente: Censo UBA 2011

El total de 37 Mayores Dedicaciones resulta evidentemente exiguo, y más aún si se tiene presente que la Facultad de Ciencias Jurídicas y Sociales UNLP, por ejemplo, registraba para ese mismo año la cantidad de 42 Mayores Dedicaciones, siendo que contaba con una planta docente equivalente aproximadamente a un cuarto de la planta docente de la Facultad de Derecho UBA: 800 contra 3.500.

Sin embargo, las cifras relativas a docentes-investigadores dentro de la planta docente de ambas facultades de Derecho es más favorable a la Facultad de Ciencias Jurídicas y Sociales UNLP: se registraban al año 2011 algo más de un 10% de docentes que realizaban investigación en la de La Plata, contra algo más de un 8% de esa misma categoría docente en la de Buenos Aires.

La presencia de investigadores del CONICET para ese año en ambas Facultades de Derecho rondaba en el 6% de los docentes que investigaban.

La Facultad de Derecho UBA, además del Programa de Incentivos y de las Mayores Dedicaciones como políticas de articulación docencia-investigación concretas, desarrolla: un Programa de Becas de Investigación de Iniciación, Perfeccionamiento y Formación Superior (financiadas por la UBA); Becas de Iniciación DECyT (financiadas por la propia Facultad de Derecho); y Becas de Estímulo a las Vocaciones Científicas (financiadas por el Consejo Interuniversitario Nacional). Todos ellos constituyen la batería de formatos institucionales y recursos disponibles para la investigación en la unidad académica, que confluyen en la decisión de promover una articulación "de integración".

Se destacan en esta enumeración los Proyectos de Investigación DECyT que desde el año 2010 ha puesto en marcha la Facultad con financiamiento propio, como acción concreta de política de investigación específica, destinada esencialmente a promover la incorporación de docentes al sistema formalizado de investigación. Presenta requisitos y formalidades más flexibles que los programas de investigación que bajan desde la Universidad UBACyT aunque replican sus lógicas y las características de esos modelos epistémicos.

Finalmente, como una de las políticas educativas de *articulación* "de integración" diseñada en el nivel de la propia unidad académica, podemos señalar cierto tipo de los CPO Cursos Profesionales Orientados, especialmente "Orientados a la Investigación" —Programa aprobado por Resolución CD 499/10—, destinados principalmente a la producción de "conocimiento jurídico original y relevante", en los que los docentes vuelcan los temas investigados como propuesta curricular de carácter optativo para los estudiantes bimestrales.

En los mismos, si bien se advierte una oferta cristalizada que a lo largo de los años no ha experimentado mayores variantes, puede verse un intento de profundizar un tipo de *articulación* "de integración", pensada desde la investigación enriqueciendo el proceso de enseñanza.

Final

La "profesión académica" en el campo del Derecho: nuevas configuraciones y nuevas incertidumbres

La concepción teórica de campos disciplinares constituidos esencialmente de tensiones y disputas, y el carácter conflictivo de las relaciones sociales, se expresan prístinamente en las contradicciones que atraviesan nuestro objeto de estudio, sea desde afuera del campo, sea desde su propia dinámica interna.

Así, la *articulación* que estudiamos es tensión, entendida como demandas contradictorias que, imposibles de resolver, sólo pueden gestionarse (De Souza Santos, 2010).

De una manera muy presente aunque también con alcances de sentido múltiple, podemos mencionar que en relación a la articulación docencia-investigación, convive entre los docentes de Derecho, por un lado la idea de que todo docente debe investigar, de que la docencia es algo más que dar clases; y por otro lado el reconocimiento de lo que Bourdieu (2008) denomina "brecha estructural" entre investigación y enseñanza, en tanto formas de organización diferenciada de ambas actividades del conocimiento, sea en términos de reconocimiento y asignación de prestigio dentro del campo, de financiamiento y recursos institucionales, o en términos de distribución personal de tiempo y esfuerzo.

De acuerdo con esto y en punto a la clasificación que hemos propuesto, la articulación "de integración" parece imponerse mayoritariamente en el imaginario de los docentes de las Facultades estudiadas, aunque del relato de las experiencias cotidianas y de los propios descontentos y reclamos manifestados surgen claramente los obstáculos para ello, advirtiéndose las dificultades de producir conocimiento en contextos de insuficiencia presupuestaria.

Sin embargo, la falta de reflexión y debate suficientes por parte de los actores de la vida universitaria sobre la posibilidad de pensar un ciencia académica en el campo del Derecho, sobre los modos organizativos que la hagan posible, entre ellos sus posibles *articulaciones* con la docencia, constituyen mutismos demasiado locuaces, que contribuyen a no otra cosa que a seguir sosteniendo el sesgo profesionalista refractario al cambio y limitado para comprender las mutaciones producidas.

Porque si algo puede advertirse en el debate por la investigación en las facultades de Derecho, es que la misma y los paradigmas que la sostienen constituyen una nueva arista en la configuración polimorfa de saberes del campo, que reclama participación en la negociación de criterios de selección, normalización y jerarquización, intentando descentrar el esquema académico imperante y con ello alterar hegemonías establecidas.

Sin lugar a dudas, la irrupción de la ciencia en la universidad viene constituyendo en todos los campo disciplinares por supuesto con particularidades y diferenciaciones en cada uno, y el Derecho no es la excepción, un proceso de transformación de los discursos y prácticas, y con ello una renovación del capital simbólico con nuevos contenidos y fórmulas de acumulación, con nuevos pares de valores enfrentados y nuevos modos de encumbramiento, que deviene entre otras cosas, revisión del sistema de méritos y reasignación de jerarquías, y con ello alteración de las correlaciones de fuerza y de los términos de disputas especialmente en torno a la distribución de recursos materiales: espacios físicos, equipamiento, financiamiento al interior de la comunidad académica.

Sin embargo, estas nuevas configuraciones de los modelos de universidad y las dualidades en los discursos institucionales que las sostienen, en los que se reconoce la importancia de la producción de conocimiento pero sin acompañarla de los cambios estructurales institucionales y de la disposición de recursos materiales para integrarse efectivamente a las demás funciones de la universidad y particularmente con la docencia (Coicaud,

2008), aparecen como tentativas voluntaristas y de financiación escasa[1], que por tales se hallan limitadas en su desarrollo.

Así lo explica Pedro Krosch (1998) en un agudo análisis de las políticas universitarias de los años noventa, en que refiere las modificaciones operadas en la configuración de poder hacia el interior del sistema, pero advierte respecto del contexto económico insuficiente que da marco a las nuevas políticas de investigación, que incapaz de solventarlas adecuadamente parece indicar que tienden a reproducirse las condiciones materiales que impidieron históricamente desarrollar un sistema de innovación científica y tecnológica, resultando que permanezca inalterado el modelo profesionalista tradicional.

Por otra parte, tal dualidad y/o discurso cientificista en contextos económicos insuficientes, baja desde las estructuras más altas de la Educación Superior Poder Ejecutivo/Secretaría de Políticas Universitarias, Universidad, Facultad hacia los agentes académicos, con una debilidad intrínseca que no puede pasar inadvertida, y es resignificada por los mismos en ocasiones con estrategias eficientes de "como si", que producen prácticas distorsionadas y no deseables de supervivencia académica.

Finalmente, decíamos inicialmente que la discusión acerca de la necesidad de avanzar en modelos universitarios de producción científica se halla instalada, aunque constituyendo antes un discurso normativista más o menos consensuado, que una experiencia exitosa.

Preferimos hablar, por ello, de una universidad en transición hacia formatos que pretenden superar tradiciones "profesionalistas", que para consolidarse deberá ir resolviendo un sinnúmero de aspectos, dentro de los cuales la cuestión referida al modo en que las prácticas académicas de docencia se articulan con estas nuevas tareas de investigación, deviene medular.

Un aspecto que emerge con la mayor relevancia como parte de las presentes palabras finales que operan a modo de conclusión provisoria, está dado por el carácter novedosamente conflictivo y de interferencia que asume la articulación docencia-investigación en las Facultades Derecho, al constituirse en portadora de tensiones y expresión de intereses divergentes, que vienen a su vez a superponerse y antagonizar con contradicciones precedentes, propias de tradiciones

---

[1] Cabe destacar que en los últimos veinte años, se afirma el interés por la investigación científica y tecnológica, se impulsan programas y normas en este sentido, pero la inversión destinada a ese rubro, medida en relación con el PBI, no llega al 0,5 % del mismo.

largamente arraigadas en el campo disciplinar, aportando complejidad e ininteligibilidad al mismo. Dos consideraciones principales podemos apuntar relacionado con ello:

En primer lugar, la tensión entre las tareas de producción y reproducción de conocimiento con sus disimilitudes e incumbencias divergentes, sus especificidades institucionales y sus diferenciados agentes académicos tal como lo hemos analizado que las nuevas configuraciones del campo de la Educación Superior van develando irrumpen en la escena del Derecho solapándose con la que constituye tensión fundante y propia del campo, también expresada en forma de tensión históricamente administrada: "ejercicio profesional-desempeño académico" o más propiamente: ejercicio profesional fuera de la academia, en cualquiera de sus variantes - desempeño en la docencia universitaria.

Posteriormente, la emergencia de "lo académico" en tanto término antes relegado en la dinámica de la contradicción que referimos y su valorización, de la mano de una pertinente diferenciación institucional de las universidades a la que los reclamos de autonomía y autogobierno de principios de siglo XX aportaron un carácter definitorio, fue determinando una nueva configuración de la tensión referida, que sin embargo nunca dejó de mantener las lógicas de atribución de prestigio y de poder que operan desde afuera hacia adentro del campo, a partir del "éxito" obtenido en el ejercicio profesional, especialmente en la magistratura, pero también como funcionario de gobierno o abogado litigante.

El actual "sesgo profesionalista" en su sentido material, de conformación de los cuadros académicos de las Facultades de Derecho; y en su sentido simbólico, como conformación de las subjetividades de esos académicos en relación a cómo conciben su tarea y los valores y motivaciones que las sostienen aparece entonces como versión actualizada y más sofisticada de aquella contradicción primitiva, que en su dinámica a lo largo de la historia hasta nuestros días parece haber ido cediendo el paso, de modo muy laxo y a cuentagotas, a formas de legitimidad y atribuciones de prestigio más internas, más académicas, más propias de las lógicas universitarias y de sus requerimientos, poniendo énfasis en los procesos que van constituyendo el sistema de posiciones jerárquicamente ordenadas de las instituciones, como también de los campos disciplinares en tanto estructuras socio-cognitivas con cierto grado de autonomía relativa y desarrollo de nociones de mérito que se consolidan más allá o más acá del éxito en el mercado profesional y de las limitadas concepciones de competencia técnica y especialidad funcional, características del profesionalismo.

El carácter heterogéneo y diversificado del campo del Derecho, las contradicciones que lo constituyen y su devenir histórico, determinan formas institucionales y prácticas de sus agentes académicos que van resignificando la *articulación* que estudiamos en el marco de la transición apuntada, y cuyos futuros destinos resulta imposible prever.

Definitivamente nuevos escenarios y con ello nuevos interrogantes e incertidumbres se irán abriendo, en relación al tópico que se desarrolla en inacabados debates respecto del tenor de lo que da en llamarse "Profesión Académica", y la posibilidad de entender las prácticas docentes y de investigación desempeñadas en la universidad y particularmente en las Facultades de Derecho como un tipo especial de Profesión.

Los académicos como grupo profesional, al ser empleados por una organización de educación superior, a la vez que establecen compromisos laborales con la misma mantienen un compromiso con la disciplina practicada. De esta duplicidad de lealtades, siguiendo a Clark (1998), se deriva la especificidad de la profesión académica frente a otras profesiones

Así planteado el asunto, los agentes que se desempeñan en la Educación Superior constituyen un grupo común, que tiene por objetivo compartido la manipulación del conocimiento y el desarrollo de la ciencia.

En este sentido ¿es posible pensar la profesión académica como una agrupación social, con un rol específico en la estructura ocupacional del campo del Derecho, que se reconoce como tal y tiene capacidad para instrumentar mecanismos decisorios sobre pertinencia, estándares de funcionamiento, evaluación, estrategias credencialistas, etc. en las Facultades de Derecho?, ¿es posible imaginar formatos de reconocimiento y atribución de prestigio en el campo del Derecho, en que los actores se distribuyan y construyan sus perfiles exclusivamente con los asignados por sus tareas docentes y de investigación?, y en definitiva ¿estamos en camino a la conformación de un nuevo campo profesional para el Derecho?.

Se trata de lo que Bruner y Flisfisch (1983) caracterizan como "profesionalización académica tardía", que se va produciendo en campos disciplinares en los que tradicionalmente el desempeño universitario aportó escaso capital, tanto simbólico como material, pero en los que pueden distinguirse procesos de metamorfosis que, con mayor o menor densidad, obligan a resignificar la labor de los agentes académicos en las universidades, y que abre interrogantes no menores acerca de la posibilidad de un nuevo régimen epistémico en el campo del Derecho, emergiendo desde las estrategias de sucesión y subversión que en su seno se despliegan.

Bibliografía

Agulla Juan Carlos, 1990, "*El profesor de Derecho. Entre la vocación y la profesión*", Cristal, Buenos Aires.

Alvarez Gonzalo y Ruiz Guillermo, 2005, "*Ingreso y ascenso en la docencia dentro de la UBA*", en De cursos y de formaciones docentes, Cardinaux, Clerico, Molinari y Ruiz (comp.), Departamento de Publicaciones Facultad de Derecho UBA, Buenos Aires.

Alvarez Gonzalo et al., 2006, "*La enseñanza del Derecho según la evaluación de la docencia. Informe comparativo de los resultados obtenidos en los operativos de evaluación en los años 2003 y 2004 en la Facultad de Derecho UBA*", en Academia, Revista sobre Enseñanza del Derecho, Año 4, Nro. 7, Departamento de Publicaciones Facultad de Derecho UBA, Buenos Aires.

Andriola Karina, 2014, "*Las mujeres en la facultad de Ciencias Jurídicas y Sociales*", en La formación de abogados y abogadas, nuevas configuraciones, Gonzalez y Marano, Imás, La Plata.

Araujo Sonia, 2003, "*Universidad, investigación e incentivos*", Ediciones Al Margen, La Plata.

Bargero Mariano, Romero Lucía, Prego Carlos, 2010, "*Recursos humanos y presupuestales en la modernización de la Universidad de Buenos Aires (1955-1966)*", en La construcción de la ciencia académica. Instituciones, procesos y actores en la universidad argentina del siglo XX, Prego & Vallejos, Biblos, Buenos Aires.

Barnes Barry, 1987, "*Sobre ciencia*", Trad. Faci Lacasta, Edit. Labor, Barcelona.

Becher Tony, 1993, "*Las disciplinas y la identidad de los académicos*", en "Pensamiento Universitario", Nro. 1, Noviembre, Buenos Aires, pág. 56-77.

Becher Tony y Maurice Kogan, 1992, "*Process and Estructure in Higher Educations*", Routledge, Londres.

Bell Daniel, 1982, "*Las contradicciones culturales del capitalismo*", Alianza, Madrid.

Ben-David Joseph, 1970, "*El papel de los científicos en la sociedad*", Trillas, México, 1974.

Bernal John, 1954, "*La ciencia en la historia*", Nueva Imagen, México, 1985.

Biagini Hugo, 2000, "*La reforma universitaria. Antecedentes y consecuentes*", Leviatán, Buenos Aires.

Bianco Carola y Carrera Cecilia, 2010, "*Proyecto institucional y prácticas de enseñanza en la carrera de Derecho. El proceso de formación universitaria y los debates pendientes*", en Los actores y las prácticas, Cardinaux y Gonzalez, EDULP, La Plata.

Binder Alberto, 2005, "*Los oficios del jurista: la fragmentación de la profesión jurídica y la uniformidad de la carrera judicial*", en Academia Revista sobre enseñanza del Derecho de Buenos Aires, Año 3, Nro. 5, Otoño, Facultad de Derecho, UBA.

Bohmer Martín, 1999, "*La enseñanza del derecho y el ejercicio de la abogacía*", Gedisa, Barcelona.

_____2005, "*Metas comunes: la enseñanza y la construcción del derecho en la Argentina*". En Sistemas Judiciales (CEJA-INECIP) Año 5 N° 9. pp. 26-38.

Bourdieu Pierre, 1973, "*Le marché des biens symboliques*". en Année Sociologique.

_____1988, "*Cosas dichas*", Gedisa, Trad. Margarita Mizraji, Barcelona.

_____1989, "*La distinción. Criterios y bases sociales del gusto*", Taurus, Trad. M.del Carmen Ruiz de Elvira, Madrid.

_____1994, "*Razones Prácticas. Sobre la teoría de la acción*", Anagrama, Trad. Thomas Kauf, Barcelona.

_____2000, "*Elementos para una sociología del campo jurídico*", en "*La fuerza del Derecho. Elementos para una sociología del campo jurídico*" de Bourdieu y Teubner, Siglo del Hombre Editores, Bogotá.

_____2002 a, "*Campo de poder, campo intelectual*", Edit. Montressor, Buenos Aires.

_____2002 b, "*El oficio del sociólogo*", Edit Siglo XXI, Buenos Aires.

_____2003 a, "*Intelectuales política y poder*", EUDEBA, primera edición, Buenos Aires.

_____2003 b, "*Los usos sociales de la ciencia*", Ediciones Nueva Visión, Buenos Aires.

_____2008, "*Homo Academicus*", Siglo XXI Editores, Trad. Ariel Dilon, Buenos Aires.

_____2013, "*Los herederos*", Siglo XXI Editores, tercera edición, Buenos Aires.

Bourdieu P. y Teubner G., 2000, "*La fuerza del derecho. Elementos para una sociología del campo jurídico*", Siglo del Hombre Editores, Bogotá.

Braslavsky Cecilia, 1983, "*El proyecto educativo autoritario*", FLACSO, Buenos Aires.

Brunner Jose Joaquin, 1994, "*Educación Superior en América Latina: coordinación, financiamiento y evaluación*", en Evaluación Universitaria en el Mercosur, de Marquis Carlos (compilador), Ministerio de Cultura y Educación, Secretaría de Políticas Universitarias, Buenos Aires.

Brunner Jose Joaquín y Flisfisch Angel, 1983, "*Los intelectuales y las instituciones de la cultura*", FLACSO, Santiago de Chile.

Buchbinder Pablo, 2008, *"¿Revolución en los claustros? La Reforma Universitaria de 1918"*, Sudamericana, Buenos Aires.

Bucher Rue y Strauss Anselm, 1961, *"Professions in process"*, The American Journal of Sociology, LXVI, pág. 325-334.

Camou Antonio, 2002, *"Reformas estatales de segunda generación y reformas universitarias en la Argentina actual (o de por qué es bastante más fácil privatizar una compañía telefónica que reformar una universidad"*, en La universidad cautiva, Krotsch, Ediciones al margen, La Plata.

Campari Susana, 2005, *"Enseñar Derecho pensando en el profesional del siglo XXI"* en Revista Academia sobre enseñanza del Derecho de Buenos Aires; Año 3 n° 5, Otoño, Facultad de Derecho, UBA.

Carcova Carlos Maria, 1991, *"Sobre la comprensión del derecho"*, en Materiales para una Teoría Critica del Derecho, Ediciones Abeledo Perrot, Buenos Aires.

_____2008, *"Ficción y Verdad en la escena del Derecho"*, en Metodología de la Investigación Científica en el campo del Derecho, Orler y Varela, EDULP, La Plata

Cardinaux Nancy, 2008, *"La articulación entre enseñanza e investigación del Derecho"*, en Metodología de la Investigación Científica en el campo del Derecho, Orler y Varela, EDULP, La Plata.

Cardinaux Nancy, Laura Clérico y Sebastián Scioscioli, 2010, *"Los contornos de la autonomía universitaria delineados por los fallos de la Corte Suprema de Justicia de la Nación"* en La Autonomía Universitaria: definiciones normativas y jurisprudenciales en clave histórica y actual, Ruiz y Cardinaux comp., Edit. La Ley.

Cardinaux Nancy y Gonzalez Manuela, 2008, *"Tres crisis de las universidades públicas: su impacto sobre el perfil del estudiante de Derecho"* en Anales Revista de la Facultad de Ciencias Jurídicas y Sociales de la UNLP, Año 5, Nro. 38, Nueva Serie, La Plata.

Carullo J. y Vacarezza L., 1997, *"El incentivo a la investigación universitaria como instrumento de promoción y gestión de I + D"*, en REDES, Revista de estudios sociales de la ciencia, Centro de Estudios e Investigaciones, Universidad Nacional de Quilmes, Nro. 10, Vol. IV, Quilmes.

Clark Burton, 1983, "*El sistema de educación superior. Una visión comparativa de la organización académica*", Editorial Nueva Imagen, Mexico DF.

_____1991, "*The organizational Saga in higher education*", en Marvin Peterson ed. Organization and Governance in Higher Education, EUA, ASHE Reader Series.

_____1997 "*Las Universidades modernas, espacios de investigación y docencia*", Porrúa, Coordinación de Humanidades, UNAM, México.

_____1998 "*Crecimiento sustantivo y organización innovadora: nuevas categorías para la investigación en educación superior*", en Perfiles Educativos, Vol XX, Nro. 81, UNAM, México.

Contreras López Rebeca Elizbeth, 2013, "*La enseñanza del Derecho a través de la investigación*", en Revista Letras Jurídicas, Vol. 13, Centro de Estudios sobre Derecho, Globalización y Seguridad de la Universidad Veracruzana, México.

Cohen Michael y March James, 1974, "*Leadership and ambiguity: The American College President*", McGraw-Hill, New York.

Coicaud Silvia, 2008, "*El docente investigador. La investigación y su enseñanza en las universidades*", Editorial Miño Davila, Primera Edición, Madrid.

Cox Cristian, 1993, "*Políticas de educación superior: categorías para su análisis*", en Políticas comparadas de educación superior en América Latina, Courard H. Editor, Santiago de Chile, FLACSO.

Dabove Isolina, 2008, "*Los productos de la Ciencias Jurídica: un nuevo desafío para la metodología de la investigación*", en Metodología de la Investigación Científica en el Campo del Derecho, Orler y Varela, EDULP, La Plata.

Davini María Cristina, 1997, "*La formación docente en cuestión. Política y pedagogía*", Buenos Aires, Primera Edición.

De Sousa Santos Boaventura, 2010, "*La universidad en el siglo XXI. Para una reforma democrática y emancipatoria de la universidad*", Ediciones Trilce, Montevideo.

_____1998, "*La globalización del Derecho: los nuevos caminos de la regulación y la emancipación*", ILSA, Ediciones Universidad Nacional de Colombia, Bogotá.

De Weert, Egbert, 2004, "*The Organisational Determination of the Teaching and Research Nexus*", en "Research and teaching: Closing the divide? An International Colloquium, Marwell Conference Centre, Colden Common, Winchester, Hampshire, SO21 1JH, 18-19 Marzo.

Del Mazo Gabriel, 1945, "*La Reforma Universitaria brazo de una conciencia nacional*", Ediciones MNR, Buenos Aires.

Doberti Juan Ignacio, 2005, "*Los sistemas de remuneraciones de los docentes universitarios: situación actual y nuevos desafíos*", ponencia al III Congreso Argentino de Administración Pública, 2 al 4 de junio, Tucumán.

Douglas Davison, 2006, "*La visión jeffersoniana de la educación jurídica*" en Academia Revista sobre Enseñanza del Derecho, Año 2, Nro. 4, Departamento de Publicaciones de la Facultad de Derecho de la UBA, Buenos Aires.

Enriquez P. y Romero M, 2004, "*Modalidades y discusiones en torno a la noción de docente investigador*", REDUC, Universidad Católica de Cordova, htttp://www.uccor.edu.ar/paginas/REDUC/romero.enriquez.pdf

Espinosa Proa Sergio, 1988, "*Las nupcias sospechosas: fragmentos del romancero de la investigación y la enseñanza*", en Perfiles Educativos, Nro. 41-42, Julio-Diciembre, pág. 53-64, UNAM, México DF.

Felder Richard, 1994, "*El mito del profesor superhumano*", en Educación Química, Nro. 5, Pág. 82-88,

Feldman K.A., 1987, "*Research productivity and scholarly accomplishment of college teachers as related to their instructional effectiveness: A review and exploration*", en Research in Higher Education, 26, p. 227-298.

Fernandez Berdaguer M.L. y Vaccarezza L., 1996, "*Estructura social y conflicto en la comunidad científica universitaria: la aplicación del Programa de Incentivos para Investigadores Docentes en las universidades argentinas*", en Ciencia y Sociedad en América Latina, Albornoz y otros, Editorial de la Universidad Nacional de Quilmes, Quilmes.

Fernandez Lamarra Norberto, 2002, "*La educación superior en Argentina*", Buenos Aires, IESALC – UNESCO.

Fernandez Rincon Hector, 1993, "*Posibilidades y límites de la vinculación de la docencia con la investigación*" en Perfiles Educativos, Nro. 61, julio-sept, Instituto de Investigaciones sobre la Universidad y la Educación, México.

Finocchiaro Alejandro, 2013, "*El mito reformista*", Eudeba, Buenos Aires.

Fitzpatrick Peter, 1998, "*La mitología del derecho moderno*", Siglo XXI, México DF.

Flores Imer, 2006, "*Prometeo (des) encadenado: la enseñanza del Derecho en México*", en Academia Revista sobre enseñanza del Derecho, Año 2, Nro. 4, Departamento de Publicaciones de la Facultad de Derecho de la UBA, Buenos Aires.

Foglia Virgilio y Deulofeu Venancio, 1981, "*Bernardo Houssay. Su vida y su obra 1887-1971*", Academia Nacional de Ciencias Exactas y Naturales, Buenos Aires.

Follari Roberto, 1999, "*Aspectos Teórico Metodológicos sobre evaluación de la función investigación en las universidades*", Documento de CONEAU, Serie Estudios, Ministerio de Educación de la Nación, Buenos Aires.

Foucault Michael, 2003, "*Las palabras y las cosas. Una arqueología de las ciencias humanas*", Siglo XXI Editores, Seg. Edición, Trad. Elsa Cecilia Frost, Buenos Aires.

_____2002, "*La arqueología del saber*", Siglo XXI Editores, Primera Edición Argentina, Buenos Aires.

_____1976 b,"*Defender la sociedad. Curso en el Collage de France*", trad. Pons Horacio, Fondo de Cultura Económica, Buenos Aires, 2001.

Friedrich, R. y Michalak, S., 1983, "*Why doesn't research improve teaching? Some answers from a small liberal arts college*", en Journal of Higher Education, Vol. 54, Nro. 2, pág. 145-163.

Frondizi Risieri, 1971, "*La universidad en un mundo de tensiones. Misión de las universidades en América Latina*", EUDEBA, Buenos Aires.

_____1957, discurso del 27/12/1957, en RUBA, Vol. II, Nro. 4, pp. 609-611.

García Susana, 2010, "*Formación científica e investigación académica: el Museo de La Plata en el contexto universitario de principios del siglo XX*", en La construcción de la ciencia académica, Prego y Vallejos, Biblos, Buenos Aires.

García Guadilla Carmen, 1997, "*Integración y contextualización en el ámbito de la gloalización*", en Perfiles Educativos, Centro de Estudios sobre la Universidad, Nrs. 76-77, pp. 16-30.

García de Fanelli Ana, 2008, "*Estructura ocupacional docente y esquema de incentivos en las universidades argentinas: transformaciones desde los años ochenta*", CEDES, Buenos Aires.

Garritz Ruiz Andoni, 1997, "*Reflexiones sobre dos perfiles universitarios: el docente y el investigador*", en Revista de Educación Superior, Nro. 102, abril-junio, ANUIES, México.

Gibbons M., Limoges G., Nowotny H., Schwartzman C., Scott P. y Trow M., 1997, "*La nueva producción de conocimiento*", Ediciones Pomares-Corredor, Barcelona.

Goggi Nora y Kolodny Mariana, 2009, "*La formación universitaria en las diferentes áreas y profesiones: formación docente para la enseñanza universitaria. Una experiencia en la carrera docente de la Facultad de Derecho de la Universidad de Buenos Aires*", en Academia, Revista sobre Enseñanza del Derecho, Año 7, Nro. 14, Departamento de Publicaciones de la Facultad de Derecho UBA, Buenos Aires.

Gómez Campo, Víctor y Emilio Tenti Fanfani, 1989, "*Universidad y profesiones. Crisis y alternativas*", Miño y Dávila Editores, Buenos Aires.

Gonzalez Casanova, 1966, "*La universidad contemporánea: crisis y cambio social*" en Cuadernos Americanos, septiembre-octubre, N° 5, volumen CXLVIII, México, DF.

Gonzalez Julio V., 1945, "*La Universidad: teoría y acción de la reforma*", Edit. Claridad, Buenos Aires.

_____1922, "*La Revolución Universitaria*", Librería y Casa Editora de Jesús Mendez, Buenos Aires.

Gonzalez Manuela y Cardinaux Nancy, 2010, "*Los actores y las prácticas. Enseñar y aprender derecho en la UNLP*", EDULP, La Plata.

Gonzalez Manuela y Marano Gabriela (comp.), 2014, "*La formación de abogados y abogadas. Nuevas configuraciones*", Imás, La Plata.

_____2008, "*La Facultad de Derecho: entre la profesión y la investigación. Una mirada histórica sobre los modelos de formación jurídica*", Anales Revista de la Facultad de Ciencias Jurídicas y Sociales de la UNLP, Nro. 38, pág. 654.

Gordon Robert W., 2004, "*Distintos modelos de Educación Jurídica y las condiciones sociales en las que se apoyan*" en Revista Academia sobre enseñanza del Derecho de Buenos Aires; Año 2 n° 3, Facultad de Derecho, UBA.

Guaglianone Ariadna, 2010, "*Políticas públicas de evaluación y acreditación en las universidades argentinas*", Tesis de Doctorado, FLACSO, Buenos Aires.

Halperin Donghi Tulio, 1962, "*Historia de la Universidad de Buenos Aires*", Eudeba, Buenos Aires.

Hattie, J. and Marsh, H., 1996, "*The relationship between research and teaching: a meta-analysis*" en Review of Educational Research, Vol. 66, Nro. 4.

Jenkins, Blackman, Lindsay y Paton-Saltzberg, 1998, "*Reaching and Research: student perspectives and policy implications*", en Studies in Higher Education, Vol. 23, pág. 127-142.

Kant Imanuel, 1964, "*El conflicto de las facultades*", Losada, Trad. Elsa Taberning, Buenos Aires.

Kennedy Duncan, 2012, "*La enseñanza del derecho, como forma de acción política*", Trad. Teresa Beatriz Arijón, Siglo XXI Editores, Buenos Aires.

_____2000, "*La educación legal como preparación para la jerarquía*" en Desde otra mirada, Courtis (comp.), EUDEBA, Buenos Aires.

Krause, Kerri-Lee, 2007, "*Knowledge Transfer, Engagement and Public Scholarship: Emerging Possibilities for an Integrated Approach to Academic Enquiry*", en Research and teaching: Closing the divide? An International Colloquium, Marwell Conference Centre, Colden Common, Winchester, Hampshire, SO21 1JH, 18-19 Marzo.

Krosch Pedro, 2003, "*Las miradas de la universidad*", compilación, III Encuentro Nacional, la Universidad como objeto de Investigación, Ediciones Al Margen, La Plata.

_____1998, "*Gobierno de la Educación Superior en Argentina: la política pública en la coyuntura*", en Novas Perspectivas nas Politicas de Educacao Superior na América Latina no Limiar do Século XXI, Mendes Catani, Editora Autores Asociados, Campinas.

_____2002, "*La Universidad Cautiva*", Ediciones Al Margen, La Plata.

_____2001, "*Educación Superior y reformas comparadas*", Universidad Nacional de Quilmes Ediciones.

Leal de Man, 2002, "*La vida profesional y tareas intelectuales de dos comunidades académicas de la UNT y su patrones de respuestas frente al Programa de Incentivos*", ponencia al Tercer Encuentro Nacional La Universidad como objeto de Investigación, 24 y 25 de octubre, La Plata.

Lechner Norbert, 1998, "*El malestar de la modernización*", FLACSO, Mimeo, México.

Lista Carlos, 2008, "*La investigación en la formación de los abogados. Reflexiones críticas*", en Metodología de la Investigación Científica en el campo del Derecho, Orler y Varela, EDULP, La Plata.

_____2006, "*La enseñanza jurídica y la conciencia socio-política de los abogados*", ponencia al III Congreso Latinoamericano da Ciencia Politica, ALACIP, Unicamp, Brasil.

Lopez Segrera Francisco, 2006, "*Notas para un estudio comparado de la educación superior a nivel mundial*" en Escenarios mundiales de la educación superior. Análisis global y estudio de casos, CLACSO, Buenos Aires.

Luehrs D.C. y Brown R.E., 1992, "*Is College Teaching Quality influenced by the Research activity of the instructor?*", J. Chem Ed., Michigan, EEUU.

_____1995, "*La autopoiesis de los sistemas sociales*", en Zona Abierta, N° 70/71, Traducción de Leopoldo Moscoso.

Mari, Carcova, Ruiz y otros, 1991, "*Materiales para una Teoría Critica del Derecho*", Abeledo Perrot.

Mariátegui José Carlos, 1929, "*Temas de educación*", Universidad Nacional Mayor de San Marcos, Lima.

_____1928, "*Siete Ensayos de interpretación de la realidad peruana*", Ediciones MNR, Buenos Aires.

Marsh Herbert W. y Hattie John, 2002, "*The Relation Between Research Productivity and Teaching Effectiveness: Complementary, Antagonistic, or Independent Constructs?*", en The Journal of Higher Education, Septiembre/Octubre, Volume 73, Number 5, pág. 603-641.

Matharán, "*La quimica en Santa Fe*" en La construcción de la ciencia académica, Prego & Vallejos, Biblos, Buenos Aires.

Merton Robert, 1968, "*The Matthew Effect in Science*", en Science 159, pág. 56-63.

Mollis Marcela, 2008, "*Las huellas de la Reforma en la crisis universitaria argentina*", en La Reforma Universitaria: desafíos y perspectivas noventa años después, CLACSO, Buenos Aires.

_____2007, "*La educación superior en Argentina*", en Revista de la Educación Superior, Vol. XXXVI (2), Nro. 142.

_____ _____ 2003 a, "*Las universidades en América Latina: reformadas o alteradas?: la cosmética del poder financiero*", CLACSO, Buenos Aires.

_____2003 b, "*Biografías recientes de nuestras universidades latinoamericanas*", en Las miradas de la Universidad, Krotsch cdor., Al Margen, La Plata.

_____2002 "*Un breve diagnóstico de las universidades argentinas: identidades alteradas*", CLACSO, Buenos Aires.

_____1996 "*El sutil encanto de las autonomías. Una perspectiva histórica y comparada*", en Revista Pensamiento Universitario, Nros. 4-5, Buenos Aires.

_____1995, "*En busca de respuesta a la crisis universitaria: historia y cultura*", en Perfiles educativos, Mexico D. F.: Universidad Nacional Autónoma de México-CISE, N° 69, Julio-Septiembre.

Moran Oviedo Porfirio, 2004, "*La vinculación docencia e investigación como estrategia pedagógica*", UNAM, perfiles@servidor.unam.mx

Morello A.M., Sosa G.M. y Nogueira C., 1985, "*Sesenta años de la Cátedra de Derecho Procesal Civil de la Facultad de Ciencias Jurídicas y Sociales de la Universidad Nacional de La Plata (1907-1967). Aportes para su historia*", JUS Fundación para la Investigación de las Ciencias Jurídicas, La Plata.

Musselin Christine, 2001, "*La longue marche des universités francaises*", PUF, Presses Universitaires de France, París.

Myers Jorge, 1989, "*Antecedentes de la conformación del complejo científico y tecnológico, 1850-1958*", en La política de investigación científica y tecnológica argentina, historia y perspectivas, Oteiza (ed)., CEAL, Buenos Aires.

Naishtat Francisco, 2002, "*Universidad, verdad e ilustración*", en Las miradas de la Universidad, III Encuentro Nacional, Krotsch comp., Ediciones Al Margen, La Plata.

Neave Guy & Van Vught Frans, 1994, "*Prometeo encadendo: estado y educación superior en Europa*", Gedisa, Barcelona.

Neumann R., 1992, "*Perceptions of the teaching-research nexos: a framework for análisis*", en *Higer Educations*, Vol 23.

_____1994, "*The teaching-research link: applying a framework to university students 'learning experiences*". European Journal of Education, Vol. 29, pág. 323-338.

Nun Jose, 1993, "*Argentina: el estado y las actividades científicas y tecnológicas*" en Redes (Revista de estudios sociales de la ciencias) Vol II, Nro. 3, Universidad de Quilmes.

Orler José, 2014, "*Metodología de la investigación en el campo del Derecho. La producción de conocimiento científico en la Facultad de Derecho de la UBA*", Informe Final de Investigación, Proyecto DeCyT 1228, Secretaría de Investigación, Facultad de Derecho, UBA, inédito.

_____2013, "*Aportes a la reflexión sobre la producción de conocimiento en el campo del Derecho. Argentina y el caso de la Universidad Nacional de La Plata*", en Revista Verba Iuris, Nro. 29, Bogotá.

_____2012 a, "*Docencia-Investigación: ¿una relación antagónica, inexistente o necesaria?*", en Academia Revista sobre Enseñanza del Derecho, Facultad de Derecho UBA, Año 9, Nro. 18.

_____2012 b, "*Investigación y proceso de enseñanza-aprendizaje en el campo del Derecho. Aportes para un diagnóstico y reflexión sobre sus perspectivas*" en Aportes a la Reforma del Plan de Estudios de la Facultad de Ciencias Jurídicas y Sociales de la UNLP, Página Web de la FCJS UNLP, consulta el 10/08/2012.

_____2011, "*Debates en torno a la relación Docencia-Investigación en Educación Superior. Un enfoque desde el campo del Derecho*" publicacion en CD del XII Congreso Nacional y II Latinoamericano de Sociología Jurídica organizado por la SASJU y la Facultad de Ciencias

Económicas y Jurídicas de la Universidad de La Pampa, Santa Rosa, noviembre.

_____2010, "*Docencia e Investigación en las Facultades de Derecho. Discurso institucional y percepciones de los alumnos*", en Segundas Jornadas Nacionales de Investigadores en Formación en Educación, Instituto de Investigaciones en Ciencias de la Educación (IICE), Noviembre, Buenos Aires.

_____2009, "*Formación para la investigación en el campo del Derecho. Una aproximación a las prácticas educativas: la asignatura Epistemología y Metodología de la Investigación del Profesorado en Ciencias Jurídicas de la Facultad de Derecho de la UBA*", en Academia, Revista sobre Enseñanza del Derecho, Año 7, Nro. 14, Departamento de Publicaciones de la Facultad de Derecho UBA, Buenos Aires.

_____2007, "*Las prácticas de investigación en el campo jurídico. Notas para un diagnóstico. El caso de la Facultad de Ciencias Jurídicas y Sociales de la UNLP*", ponencia al VIII Congreso Nacional de Sociología Jurídica organizado por la SASJU y la Facultad de Derecho de la Universidad Nacional del Litoral, Comisión Nro. 9 Enseñanza del Derecho, noviembre, Santa Fé.

Orler J. y Dabove I., 2013, "*La promoción de la investigación científica en las Facultades de Derecho: un abordaje crítico del modelo académico argentino*", en RAES Revista Argentina de Educación Superior, Nro. 7, pág. 8-26, Buenos Aires.

Orler J. y Varela S., 2008, "*Metodología de la Investigación Científica en el Campo del Derecho*", EDULP, La Plata.

Palacios Alfredo, 1928, "*Universidad y democracia*", Editorial Claridad, Buenos Aires.

Palacios Cristina, 2003, "*El currículum unificado y el Programa de Incentivos*", en Políticas de Estado para la Universidad Argentina. Balance de una gestión en el nuevo contexto nacional e internacional, Pugliese, MECyT – SPU, Buenos Aires.

_____1999, "*El Programa de Incentivos: un instrumento para integrar la investigación y la docencia*" en La Educación Superior en

Argentina: transformaciones, debates, desafíos. Sanchez Martínez, SPU, Secretaría de Políticas Públicas, Ministerio de Educación, Buenos Aires.

Paviglianiti Norma, 1991, "*Neo-conservadurismo y educación. Un debate silenciado en la Argentina del 90*", Libros del Quirquincho, Buenos Aires.

Perez Lindo Augusto, 2005, "*Políticas de investigación en las universidades argentinas*", Informe para el Instituto Internacional para la Educación Superior en América Latina y el Caribe, IESALC – UNESCO.

Perinat A., 2004, "*Conocimiento y educación superior: nuevos horizontes para la universidad del siglo XXI*", Edit. Paidos, Barcelona.

Ponce Anibal, 1974, "*Obras Completas*", Tomos I, II, III, IV, Edit. Cartago, Buenos Aires.

_____1935, "*Condiciones para la universidad libre*", discurso pronunciado en la Federación Universitaria de Córdoba en el 17 aniversario de la Reforma Universitaria, Página Web de Agrupación Nuevo Derecho – UBA.

_____1934, "*Educación y lucha de clases*", Ediciones AKAL 2005, Madrid.

_____1927, "*Hacia la democracia proletaria*" prólogo al libro "La Reforma Universitaria" de Julio V. Gonzalez, Edit. Sagitario, Buenos Aires.

Popkewitz Thomas, (1994), "*Sociología política de las reformas educativas*", Morata, Madrid.

Porlan Ariza Rafael, 2003, "*El maestro como investigador en el aula. Investigar para conocer, conocer para enseñar*", en Docencia e Investigacion en el aula. Una relacion imprescindible, CESU-UNAM, Tercera Epoca, Pensamiento Universitario, México.

Portantiero Juan Carlos, 1987, "*Estudiantes y política en América Latina: el proceso de la Reforma Universitaria 1918-1938*", Siglo XXI Editores, México DF.

Prati Marcelo, 2004, "*Tensiones en la implementación del Programa de Incentivos*" en IV Encuentro Nacional y I Latinoamericano La Universidad como objeto de investigación, Eje Temático: Investigación, ciencia y transferencia, 7 al 9 de Octubre, San Miguel de Tucumán.

Prego Carlos, 2010, "*La gran transformación académica en la UBA y su política a fines de los años 50*", en La construcción de la ciencia académica, Prego & Vallejos, Biblos, Buenos Aires.

Prego C. y Estebanez, 2002, "*Modernización académica, desarrollo científico y radicalización política*" en La Universidad Cautiva, Krosch, Al Margen, La Plata.

Prego C. y Prati M., 2006, "*Actividad científica y profesión académica: transiciones y tensiones en el marco de las políticas de incentivos. Un enfoque comparado de ciencia básica y humanidades en la Universidad argentina*", ponencia al VI ESOCITE, abril, Bogotá.

Prego C. y Vallejos, 2010, "*La construcción de la ciencia académica*", Biblos, Buenos Aires.

Randall Collins, 1979, "*The credential society: an historical sociology of education and stratification*", Academic Press Inc., London, PP, 60-62

Robertson J., 1999, "*What do academia value? Experiences of the relation between teaching and research*" en HERDSA Anual Internacional Conference, Melbourne.

Romero José Luis, 1956, "*Discurso*", en Revista de la Universidad, Vol. I, Nro. 1, marzo.

Rovelli L., 2004, "*Una aproximación a las tensiones entre comunidad académica y universidad*", en IV Encuentro Nacional y I Latinoamericano "La universidad como objeto de investigación", San Miguel de Tucumán, UNT.

Rowland, S., 1996, "*Relationships between teaching and research*", en Teaching in Higher Education, Vol. 1, pág. 7-20.

Salanueva Olga, 2007, "*La investigación en el campo de las disciplinas jurídicas*", en Anales Revista de la Facultad de Ciencias Jurídicas y Sociales UNLP.

_____2006, "*Que áreas, y cuanto se investiga en la Facultad de Ciencias Jurídicas y Sociales de la UNLP*", comunicación al Work Shop "La investigación en el campo de las disciplinas jurídicas" organizado por el Instituto A.L. Gioja, de la Facultad de Derecho de la UBA, Buenos Aires

_____2000, "*La investigación en el campo de las disciplinas jurídicas*", Anales de la Facultad de Ciencias Jurídicas y Sociales UNLP, La Plata.

_____1998, "*La investigación Científica en el Derecho*", Edición de la Facultad de Cs. Jurídicas y Sociales, Sec. Ciencia y Técnica, UNLP, La Plata.

_____1997, "*La investigación en las ciencias Jurídicas y Sociales. Desarrollo y problemas*", en Revista Anales de la Facultad de Ciencias Jurídicas y Sociales de la UNLP, T° XXXIII

Salanueva Olga y Gonzalez Manuela, 2011, "*Enseñar metodología de la investigación socio-jurídica*", en Anales Revista de la Facultad de Ciencias Jurídicas y Sociales UNLP, Año 8, Nro. 41.

Salanueva, Gonzalez, Cardinaux, Miranda, Bianco, Batista, Orler, 1999, "*La profesión jurídica, nuevas realidades. Seguimiento Sistemático de los Egresados*", Edit. UNLP, La Plata.

Sanchez Viamonte Carlos, 1968, "*La universidad y la vocación política del siglo*", en Los Reformistas, Ciria y Sanguinetti, Edit. Jorge Alvarez, Buenos Aires.

Sancho Gil J., 2001, "*Docencia e investigación en la universidad: una profesión, dos mundos*", en Educar 28, Universitat de Barcelona.

Sarlo Beatriz, 2001, "*La batalla de las ideas (1943-1973)*", Ariel, Buenos Aires.

Seoane Viviana, 1999, "*Organización académica, valores y creencias. Las representaciones docentes sobre la universidad desde el campo disciplinar de pertenencia*", en Políticas de modernización universitaria y cambio institucional, Tiramonti, Suasnábar y Seoane, Serie Estudios e Investigaciones, Nro. 38, Facultad de Humanidades y Ciencias de la Educación, UNLP.

Sherz, Luis 1968 *"El camino de la revolución universitaria"*, Editorial Del Pacífico, Santiago de Chile.

Sigal Silvia, 1986, *"Intelectuales y poder en la década del 60"*, Siglo XXI, Buenos Aires, 2002.

Sigal Victor, 2009, *"La universidad y la investigación"*, en Gestión Universitaria, Vol 1, Nro 2, Buenos Aires.

Silva García German, 2009, *"Cambio y resistencia en la concepción y organización de los programas de Derecho"*, en Academia, Revista sobre Enseñanza del Derecho, Año 7, Nro. 14, Departamento de Publicaciones de la Facultad de Derecho UBA, Buenos Aires.

Sisto Campos Vicente, 2005, *"Flexibilización laboral de la docencia universitaria y la gest(ac)ión de la universidad sin órganos. Un análisis desde la subjetividad laboral del docente en condiciones de precariedad"*, en Espacio Público y privatización del conocimiento. Estudios sobre políticas universitarias en América Latina, CLACSO, Buenos Aires.

Soria Nicastro Oscar, 2003, *"Docencia de la investigación en la universidad latinoamericana ¿por què esperar el posgrado?"* en Docencia e Investigación en el aula. Una relación imprescindible, CESU-UNAM, Tercera Epoca, Pensamiento Universitario, México.

Suasnábar Claudio, 2002, *"Resistencia, cambio y adaptación en las universidades argentinas: problemas conceptuales y tendencias emergentes en el gobierno y la gestión académica"*, en Fundamentos en Humanidades, Año 3, Nro. 5, febrero-marzo, Universidad Nacional de San Luis, Red AL y C.

Suasnabar Claudio, Seoane Viviana, Deldivedro Vanesa, 2002, *"Modelos de articulación académica. Cultura e identidad de los docentes investigadores de la Universidad Nacional de La Plata"*, en Segundo Encuentro Nacional La universidad como objeto de investigación, Buenos Aires.

Smeby Jens-Christian, 1998, *"Knowledge production and knowledge transmission. The interaction between research and teaching at universities"*, en Teaching In Higher Education; Vol. 3, Nro. 1; Career and Technical Education, pág. 5

Steger, Hanns Albert 1974 *"Las universidades en el desarrollo social de la América Latina"*, Fondo de Cultura Económica, México.

Stenhouse L., 1998, *"La investigación como base de la enseñanza"*, Morata, 4ta Edic., Madrid.

Sverdlick Ingrid, 2007, *"La investigación educativa como instrumento de acción, de formación y de cambio"*, en Sverdlick (comp.) La investigación educativa. Una herramienta de conocimiento y acción, Novedades Educativas, Buenos Aires.

Tau Anzoátegui Victor, 1974, *"Los juristas argentinos de la generación de 1910"*, Instituto de Investigaciones de Historia del Derecho, Buenos Aires.

Tenti Fanfani Emilio, 1981, *"Génesis y desarrollo de los campos educativos"*, en Anuies Revista de Educación Superior, Vol. XI, No 38.

_____1993, *"Universidad y Empresa"*, Miño y Dávila, Buenos Aires.

_____2004, *"Sociología de la educación"*, Universidad Nacional de Quilmes, Buenos Aires.

Tenti Fanfani Emilio y Gomez Campos Víctor Manuel, 1989, *"Universidad y profesiones: crisis y alternativas"*, Miño y Davila, Buenos Aires.

Terenzini P.T., 1999, *"Research and practice in undergraduate education: And never the twain shall meet"* en Higher Education, 38.

Thury Cornejo Valentín, 2009, *"El cine ¿nos aporta algo diferente para la enseñanza del derecho?"*, en Academia Revista sobre Enseñanza del Derecho, Año 7, Nro. 14, Departamento de Publicaciones de la Facultad de Derecho UBA, Buenos Aires.

Tomado de Fries Lorena y Facio Alda (comp.), 1999, *"Género y Derecho"*, LOM Ediciones, La Morada.

Troiano Helena, 2000, *"Estrategias para el cambio de las prácticas docentes en la universidad"*, en Educar Nro. 27, pags. 137-149.

Trow Martín, 1998, "*Confianza, mercados y rendición de cuentas en la Educación Superior*", en Pensamiento Universitario, año 6, Nro. 6, pp. 12-27.

Vallejos Oscar, 2010, "*La construcción de una universidad de tipo nuevo*" en "La construcción de la ciencia académica", Prego & Vallejos, Biblos, Buenos Aires.

Varela Sebastián, 2011, "*Las dinámicas del cambio en las instituciones de educación superior*", Editorial Académica Española, Berlin.

_____2007, "*Las dinámicas del cambio en las universidades estatales. Una aproximación desde el neoinstitucionalismo a la experiencia reciente de la UNICEN*", en Evaluando la evaluación, Kroch, Camou, Pratti, Edit. Prometeo, Buenos Aires.

Veblen Thorstein, 1903, "*The Higer Learning in America*", Huebsch, New York, 1918.

Verger Jacques, 1994, "*Esquemas*" en Historia de la Universidad Europea. Volumen I: Las universidades en la edad media. Hilde de Ridder-Symoens, Servicio Editorial, Universidad del País Vasco, Bilbao.

Vidal J. y Quintanilla M.A., 2000, "*The teaching and research relationships within institutional evaluation*" en Higher Education, Nro. 40, pág. 221-229.

Weick Karl, 1976, "*Educational Organizations as Loosely Coupled Systems*" en Administrative Science Quarterly, 21 (1): 1-19.

Witker Jorge, 1995, "*Docencia crítica y formación jurídica*" en Antología sobre la enseñanza del Derecho, segunda edición, UNAM, México DF.

Yapur María Clotilde, 2012, "*Docencia e Investigación*", en El futuro de la Profesión Académica, de Lamarra y Marquina, Editorial de la Universidad de Tres de Febrero, Buenos Aires.

Documentos

Actas de Sesiones del Consejo Superior de la Universidad de Buenos Aires, período 1958-1960, Universidad de Buenos Aires.

CENSO Docente UBA, 2004, 2011.

Contribuciones para un análisis del impacto del sistema de evaluación y acreditación, CONEAU, 2002.

Dictamen sobre el Régimen Especial de Dedicación Plena en las Universidades Nacionales, Décimo Dictamen del Consejo Nacional de Educación Superior, Secretaría de Políticas Universitarias, Ministerio de Cultura y Educación, 1998.

Estadísticas Universitarias, Anuarios 2014, 1996, y años intermedios, Ministerio de Educación de la Nación, Secretaría de Políticas Universitarias.

Guía Anual de la Facultad de Derecho UBA, 1957, 1958, 1959, Ediciones del Departamento de Publicaciones de la Facultad.

Informes de Autoevaluación 2010 y 2013, de la Facultad de Ciencias Jurídicas y Sociales de la UNLP.

Lineamientos para la Evaluación Institucional, CONEAU, 1997.

Programa de Incentivos a Docentes-Investigadores, Manual de Procedimientos, Res. 1879/2008 del Ministerio de Educación de la Nación.

Programa de Fortalecimiento de la Gestión y Coordinación Universitaria ("Subproyecto 06"), Ministerio de Cultura y Educación de la Nación, 1991.

Programa Historia y Memoria, Universidad de Buenos Aires.

Páginas Web:

de la Facultad de Ciencias Jurídicas y Sociales UNLP;

de la Facultad de Derecho UBA;

de la Facultad de Derecho de la UNC;

de la UNLP;

de la UBA;

de la UNC;

del Departamento de Publicaciones de la Facultad de Derecho de la UBA;

de la Secretaría Académica de la UBA;

de la Unión de Universidades de América Latina;

de la Comisión Económica para América Latina;

de la Sociedad Argentina de Sociología Jurídica;

www.houssay.org.ar

Programa de Acreditación Institucional de Proyectos de Investigación en Derecho DeCyT 2010, Presentación, Secretaría de Investigación, Facultad de Derecho, UBA.

Programa de Acreditación Institucional de Proyectos de Investigación en Derecho DeCyT, Acerca de la programación DeCyT, 2012-2014, Secretaría de Investigación, Facultad de Derecho, UBA

Diario de Sesiones de la Honorable Cámara de Diputados de la Nación, Año 1905, Tomo II.

Diario de Sesiones de la Honorable Cámara de Senadores de la Nación, Año 1905, Tomo I.

Fallos de la Corte Suprema de Justicia de la Nación.

Anales, Revista de la Facultad de Ciencias Jurídicas y Sociales UNLP, 1996, 1997, 2002 a 2014.

Universidad Nacional de La Plata, MEMORIA, 1906-1909.

Acuerdos Plenarios del Consejo Interuniversitario Nacional 1990-2000.

Resoluciones varias del Honorable Consejo Directivo de la Facultad de Ciencias Jurídicas y Sociales de la UNLP; y del Consejo Superior de la Universidad Nacional de La Plata.

Resoluciones varias del Honorable Consejo Directivo de la Facultad de Derecho de la UBA; y del Consejo Superior de la Universidad de Buenos Aires.

Impreso por TREINTADIEZ S. A. en 2019
Pringles 521 (C1183 AEI)
Ciudad Autónoma de Buenos Aires
Teléfonos: 4864-3297 / 4862-6794
editorial@treintadiez.com

www.ingramcontent.com/pod-product-compliance
Lightning Source LLC
Chambersburg PA
CBHW080544220526
45466CB00010B/3030